Kardinal Joseph Ratzinger
Heiligenpredigten

Kardinal Joseph Ratzinger

Heiligenpredigten

Herausgegeben von Stephan Otto Horn
unter Mitarbeit von Gabriele Besold

Erich Wewel Verlag · München

Bildnachweis:

S. 15, S. 111: Foto © KNA-Archiv, Frankfurt
S. 22: Foto © MK-Archiv, München
S. 33: Privatbesitz der Integrierten Gemeinde, Rom
S. 44: Privatbesitz des Kollegiatstifts St. Johann, Regensburg
S. 60: © Kunstverlag Frauenwörth im Chiemsee/Kloster Frauenchiemsee
S. 73: Foto: Michael Jeiter, Merzenich
S. 79: Foto: Wolf-Christian von der Mülbe, Dachau
S. 89: © Diözesanmuseum Regensburg
S. 104: © Kunsttopographie des Erzbistums München-Freising;
  Foto: Carola Wicenti
S. 118: Kunsttopographie des Erzbistums München-Freising;
  Foto Max Werkmeister. Wir danken Herrn Dr. Brenninger.
S. 141: Institutshaus B. M. V., Augsburg. © Foto: MK-Archiv, München

Die Deutsche Bibliothek – CIP-Einheitsaufnahme

Ratzinger, Joseph:

Heiligenpredigten / Joseph Ratzinger. Hrsg. von Stephan Otto Horn unter Mitarb. von
Gabriele Besold. – München : Wewel, 1997

  ISBN 3-87904-117-2

NE: Ratzinger, Joseph: [Sammlung]

© 1997 by Erich Wewel Verlag, München. Alle Rechte vorbehalten.
Titelbild: Privatarchiv
Satz: PC-Print, München
Herstellung: Verlag und Druckerei G .J. Manz AG, Dillingen/München.
Printed in Germany
ISBN 3-87904-117-2

Inhalt

Vorwort

Kardinal Ratzinger hat die unterschiedlichsten Gelegenheiten zum Anlass genommen, um in Predigten das Bild von Heiligen zum Leuchten zu bringen. Dahinter verbirgt sich die Überzeugung, dass gerade die Heiligen in einer einzigartigen Weise Exegeten des Evangeliums sind. Sie helfen uns, den Reichtum des Evangeliums neu zu entdecken. *Sie alle sind Auslegung Jesu Christi, in ihnen wird er konkret.* Sich in das Leben von Heiligen zu vertiefen, um zu erfassen, woraus sie gelebt haben, was sie befähigt hat, neue Menschen zu werden und im Reich Gottes Großes zu vollbringen, heißt, wie aus einer reichen Quelle Inspiration und Ermutigung zu schöpfen. Sie bezeugen die Gegenwart Jesu Christi und das je neue Wirken des Heiligen Geistes in der Kirche. Deshalb konnte Kardinal Ratzinger die Heiligen auch – zusammen mit der christlichen Kunst – als die eigentlichen Apologeten der Kirche bezeichnen. *Erst wenn wir die Heiligen wieder entdecken, werden wir auch die Kirche wieder finden.* Dies gilt, so scheint mir, gerade heute nicht bloß für die, die der Kirche fragend und skeptisch gegenüberstehen, sondern auch für die Gläubigen innerhalb der Kirche. So richtet sich die Erwartung einer Erneuerung der Glaubensfreude und der missionarischen Dynamik auf die Heiligen, die der Kirche immer geschenkt waren und die wir auch für unsere Zeit erhoffen und erbitten dürfen. Von ihnen her die Anforderungen der Gegenwart tiefer zu erfassen, sich vom Leben der Heiligen in Frage stellen und reinigen zu lassen, in ihnen die Nähe Gottes zu erspüren: das alles bedeutet gewiss eine Aufgabe, aber noch viel mehr eine kraftvolle Ermutigung.

So habe ich gerne die Anregung aufgenommen, zum siebzigsten Geburtstag von Kardinal Ratzinger als Zeichen des Dankes eine neue Reihe von Heiligenpredigten zu veröffentlichen in Fortführung dessen, was schon in der Schrift »Christlicher Glaube und Europa. 12 Predigten« (München ¹1981) und in anderen Veröffentlichungen begonnen war. Frau Gabriele Besold hat nicht nur den Grundstock der Predigten aus Nachschriften von Tonbandaufzeichnungen bereitgestellt, sondern auch viel Mühe in die Beschaffung des Bildmaterials investiert. Frau Katharina Frieb danke ich für die Mitarbeit an der endgültigen Fassung des Textes. Ebenso gilt mein Dank dem Wewel Verlag, der schon die Werke »Dogma und Verkündigung« und »Theologische Prinzipienlehre. Bausteine zur Fundamentaltheologie« von Joseph Kardinal Ratzinger veröffentlicht und nun mit gleicher Sorgfalt die neue Edition betreut hat. Danken möchte ich hier besonders Verlagsleiterin Frau Lydia Franzelius und Lektorin Dr. Christine Treml.

Eine Ansprache über Maria Ward wurde den Predigten wegen der Bedeutung dieser großen Frau hinzugefügt, auch wenn sie noch nicht seliggesprochen ist. Kürzungen wurden nur in minimalem Umfang vorgenommen. Zitate und Paraphrasen von Texten sind kursiv wiedergegeben.

Passau, den 26. November 1996
Stephan Otto Horn SDS

JOHANN NEPOMUK NEUMANN

Der heilige Bischof Johann Nepomuk Neumann, zu dessen Ehren wir uns heute hier versammelt haben, wurde im Jahr 1811 in Prachatitz in Böhmen als Sohn eines aus Unterfranken zugewanderten Strumpfwirkers geboren. Er starb 1860, noch nicht 49 Jahre alt, als Bischof von Philadelphia in den Vereinigten Staaten. So gehört er durch die Weite eines dem Worte Gottes dienenden Lebens drei Völkern zugleich an: Amerikanern, Deutschen, Tschechen. Und wir hier in München können uns noch in Erinnerung rufen, dass er im Jahr 1855, auf der Rückkehr von Rom nach Amerika, an einem Pontifikalamt im Münchner Dom zur Genesung des erkrankten Königs Ludwig I. teilgenommen und dabei auch die Gelegenheit gefunden hat, für alle Großherzigkeit des Königs gegenüber den Missionen zu danken.

Wer war eigentlich dieser Mann, der uns so, schon durch sein ganzes Leben, zu dem einen Herrn in die Einheit des Glaubens, in die Einheit der Kirche hineinruft? Der Schlüssel zu dieser Gestalt liegt in einem Wort der Schrift, das ihm zur Berufung und zum Raum seines ganzen folgenden Lebens geworden ist. Er war im zweiten theologischen Kurs im Priesterseminar zu Budweis, als der Professor des Neuen Testaments die große Gestalt des Apostels Paulus auslegte anhand des elften Kapitels im zweiten Brief an die Korinther, jenes Kapitels also, in dem Paulus die ganze Last seiner Leiden als Apostel schildert: Schiffbruch, ausgepeitscht werden, gefangen sein, ständig unterwegs sein – mit all den Nöten und Gefährdungen des Weges! –, und dies *ganz abgesehen von der täglichen Arbeit und der Sorge für alle Gemeinden (2 Kor 11, 28)*. Dieses Wort und diese Schilderung fuhren dem jungen Studenten ins Herz. Er begriff darin die Größe des apostolischen Dienstes, die Größe eines Lebens, das sich furchtlos und freudig für die Menschen verbraucht und darin nicht arm wird, sondern reich, das die Welt reich gemacht und gewandelt, ihr eine neue Hoffnung gegeben hat. Er begriff, dass das, was da stand, nicht nur eine Aufzählung von vergangenen Schrecknissen, nicht nur eine Biographie versunkener Leiden ist, sondern dass es ein offener Raum ist, in den wir auch heute eintreten können; ein Raum, in dem man leben kann, der dem eigenen Leben Raum gibt, es anfüllt und auffüllt. Er hat die Einladung dieses Wortes angenommen; er ist in es eingetreten, von ihm erfüllt worden, so wie er es ausgefüllt hat, und nun ist dieses Wort gleichsam ein Spiegel seines Lebens; es legt ihn aus, wie er ihm neu Fleisch und Blut gegeben und es so über alle Theorien hinaus als lebendige Wirklichkeit ausgelegt hat. Nehmen wir nur zwei Stichwörter aus diesem Text des heiligen Paulus heraus, in denen sich in besonderer Weise sein Leben spiegelt.

Da ist die Rede vom ständigen Unterwegssein, von der Not und von der Gefahr des Weges. Und in der Tat, sein Leben war gezeichnet von den Zeichen des Weges, von seiner Not, seiner Verheißung und seiner Größe. Dies beginnt damit, dass er nach seiner Matura, ganz gedrängt von dem Wunsch, als Priester der Kirche zu dienen, das Priesterseminar verschlossen findet, weil ob der übergroßen Zahl der Priester und der Priesterkandidaten es einfach nicht mehr möglich ist, die neuen Bewerber aufzunehmen; weil die kleine Diözese die große Zahl derer nicht verkraften kann, die auf solche Weise dem Herrn dienen wollen. Er steht im Weglosen, die Hoffnung scheint zu versanden. Dann gelingt wider Erwarten dennoch die Aufnahme, aber nach Abschluss des Studiums kommt die härtere Zurückweisung: er kann nun doch nicht geweiht werden. Und wieder scheint der Weg abgebrochen, ins Leere geführt zu haben. Und auch all die Hoffnungen auf Amerika, wo, wie er weiß, Priester benötigt werden, zerschlagen sich zunächst. Die Finanzierung gelingt nicht, alle möglichen anderen Hindernisse stellen sich in den Weg. Schließlich ist er, fast ohne Mittel und ohne irgendeine Gewissheit, eines Nachts im Stillen aufgebrochen, um sich und seinen Eltern den Schmerz des Abschieds zu ersparen. Es bleibt ein Weg ins Dunkel. In Paris fährt die Kutsche, die er bezahlt hat, ohne ihn fort, weil er vergeblich auf einen amerikanischen Bischof wartet. Er macht sich zu Fuß auf den Weg an die Küste, und er muss überdies unterwegs erfahren, dass der Bischof von Philadelphia, auf den er alle Hoffnung gesetzt hat, keine deutschen Priester braucht. Dennoch kommt er an, wird geweiht und erhält eine riesige Pfarrei im Bereich der Niagarafälle, in der er nun wieder ständig unterwegs ist bis zum physischen Zusammenbruch. Und zuletzt ist er auf dem Heimweg von einem Behördenbesuch auf den Straßen von Philadelphia gestorben. Die Straße blieb das Zeichen dieses Lebens, das unterwegs war zu den Menschen, unterwegs im Wort Gottes. Und in allen Weglosigkeiten und Mühsalen dieser Wege hat er das Wort Gottes ausgeschritten, war er letzten Endes immer auf dem Weg, der Jesus Christus selber ist. Und weil er von Ihm her, der der Weg ist, selber unterwegs war, ist er Weg der Menschen zueinander geworden, Weg der Vereinigung und der Versöhnung. Er hat in seiner deutschen Pfarrei mit den Kirchenvorständen gestritten, weil sie die Kirche nur deutsch haben wollten. Aber sie musste auch Kirche für die Italiener und die Franzosen und für die Iren sein. Und er hat in seinen späten Jahren noch die schon fast vergessene gälische Sprache, die einheimische Sprache Irlands, gelernt, um auch den Iren einer der Ihrigen zu sein, um wirklich allen alles zu werden, um Weg zu sein, wo die Brücken abgebrochen sind.

13

Und so spricht uns dieser Mann heute an; er spricht uns an in einer Zeit, in der weithin der Klassenkampf, das Gegeneinander der Menschen, das Aufputschen des Gruppenegoismus als der Weg des Heiles angepriesen werden. Wir erleben ja, dass die einfachsten Lebensverhältnisse, selbst das Zueinander von Eltern und Kind, von Lehrern und Schüler, als Verhältnis von Bedrückern und Bedrückten, als Verhältnis des Klassenkampfes dargestellt und vergiftet werden. So steht er vor uns im Zeichen des Weges; gegen solchen Abbruch des Miteinander redet und ruft er uns an. Christlich ist eben nicht, das Leichte und Bequeme des Mitschreiens in der eigenen Gruppe gegen die anderen anzunehmen, sondern christlich ist es, dagegen aufzustehen. Christlich ist es, sich um das Verstehen der anderen zu mühen, auch wenn die eigene Gruppe davon enttäuscht ist. Christlich ist es, über die Grenzen hinweg immer wieder neu das Begegnen, das Verstehen zu suchen. Und dies geht uns hier an: beginnend in der Familie, im Zueinander der verschiedenen Berufe, im Zueinander der verschiedenen Sprachgruppen, die wir gerade hier, in München, kennen. Immer wieder müssen wir allen Einwänden und Vorwürfen zum Trotz als Christen den Mut haben, solche Grenzen zu überschreiten, im anderen den mir vom Herrn gesandten Bruder zu erkennen, den Weg zu beschreiten, der Christus selber ist. Und natürlich ist dieser Heilige vor allem auch ein Aufruf, dass wir die innere Versöhnung zwischen Deutschen und Tschechen über eine Geschichte jahrhundertelanger Missverständnisse und Mühsale hinweg vollziehen, dass wir im Zeichen dieses Heiligen ja zueinander sagen lernen.

Und da steht dann das zweite Wort. *Ganz abgesehen*, schreibt Paulus, *von den Mühen des Alltags, von der täglichen Sorge für meine Gemeinden.* Auch dies charakterisiert das Leben von Johann Nepomuk Neumann. Er ist immerfort zu den

Johann Nepomuk Neumann

Seinigen unterwegs gewesen, bis zum physischen Zusammenbruch hin. Noch als Bischof hat er sich vorbehalten, in seiner Bischofsstadt die nächtlichen Krankenbesuche selbst zu machen. Und vor allen Dingen ist er der Bischof der Kinder und der Jugend gewesen. Er hat eine biblische Geschichte und zwei Katechismen geschrieben, wovon der eine achtunddreißig und der andere einundzwanzig Auflagen erlebte. Er wusste, dass im 19. Jahrhundert noch immer wahr blieb, was im 16. Jahrhundert galt: Die Reformation Luthers konnte nur Wurzeln schlagen in den Herzen der Menschen, weil er in seinem Katechismus die Einheit des Glaubens, wie er ihn begriff, verständig und übermittelbar ausgesagt hatte. Und die katholische Reform konnte erst Boden gewinnen, als es auch katholische Katechismen gab, die einfach begreifbar waren und – ohne sich in Details zu verlieren – die innere Ganzheit des Glaubens darstellten und verstehbar machten. Und was im 16. und im 19. Jahrhundert galt, das gilt auch heute. Wir brauchen, auch in einer noch so veränderten Welt, wieder neu den Katechismus und die Katechese, die die innere Einheit des Glaubens dolmetschen, nicht diese oder jene Stücke aussagen, sondern das Ganze. Was nicht heißt: vielerlei Details, sondern eben dies, was Einheit ist, worin die eine Zusage des Herrn an uns sichtbar und hörbar wird.

Darüber hinaus war Johann Nepomuk Neumann der große Schulbischof. Er hat in den kurzen acht Jahren seines Bischofsamtes hundert Schulen gegründet, weil er wusste, dass von der Gestalt der Schule die Zukunft eines Volkes abhängt. Wir leben in Bayern – Gott sei Dank – im schulischen Frieden. In Verträgen und in der Verfassung ist der christliche Grundcharakter der Schule abgesichert. Und es gibt gottlob viele Lehrer, die sich mit allen Kräften darum mühen, unsere Kinder von den Grundwerten des christlichen Glaubens her zu erziehen. Für all dies sind wir dankbar.

Aber wir können doch nicht übersehen, dass es in Deutschland auch Kräfte gibt, die mit aller Gewalt an den Grundfesten unserer Erziehung rütteln, die sie von innen her umgestalten wollen, um von daher die Gesellschaft und die Welt aus den Angeln zu heben. Es gibt eine verbreitete Literatur von Lehr- und Lehrerbüchern, die dies zur Methode erhebt: die Grundverhältnisse des Menschen zu verdächtigen, das urtümliche Einverständnis des Menschen mit dem Leben, das Vertrauen, die Liebe, den Glauben an die Wahrheit zu vergiften, zu erschüttern, als Mittel der Unterdrückung zu denunzieren und statt dessen das Misstrauen, den Ekel, die Schwermut und das Nein zu den anderen zu den obersten und beständigen Lernzielen zu erheben. Wo solchermaßen das Tiefste und Eigentlichste des jungen Menschen vergiftet wird, indem man scheinbar seinem Freiheitswillen, seinem Selber-Werden entgegenkommt, geht es nicht mehr darum, den Menschen zu entwickeln und vorwärts zu führen, sondern darum, das eigene Nein, die eigene Zerfallenheit mit dem Leben auf die anderen zu übertragen und das Sein vom Grunde her giftig zu machen. Dagegen müssen wir stehen. Und wir müssen uns bewusst sein, dass solches durch Verträge und Paragraphen und Gesetze – so wichtig sie sind – allein nicht erreicht werden kann. Wir können die Verdächtigung des Vertrauens, als wäre es Missbrauch zur Herrschaft, nur dann überwinden, wenn wir in unserem Zueinander das Vertrauen als die Wahrheit erweisen. Und wir können die Beschimpfung der Liebe und des Verstehens nur dann widerlegen, wenn wir sie von innen, durch unser Leben, glaubwürdig machen. In dem Kampf um die Erziehung, um die Zukunft des Menschen reicht kein geringerer Preis als der Einsatz unser selbst. Alle anderen Mittel sind letzten Endes zu wenig. Nur wenn wir uns selber in die Waagschale werfen, können wir die Werte, die unsere Welt tragen, die Werte, aus deren Glauben wir leben, beständig machen und in die Zukunft weitergeben.

Als Johann Nepomuk Neumann Bischof wurde, wählte er sich zum Leitspruch das Gebet: *Passio Christi conforta me – Leiden Christi, stärke mich.* Auch diese Bitte ist wie eine Auslegung des Textes aus 1 Kor 11, der sein ganzes Leben umschreibt. Die Leiden des Apostels sind deswegen zu tragen, ja sie sind deswegen schön, weil wir wissen, dass Gott selbst für uns gelitten hat. Dadurch wird die Welt, auch im Leiden, auch in den Stunden der Finsternis, vertrauenswert. Dadurch bleibt Gott vertrauenswert und bleibt die Liebe glaubhaft. Deswegen ist das Leiden Jesu Christi unsere Stärke und die Kraft unseres Lebens. *Passio Christi conforta me.* Wenn wir heute diese Bitte aus dem Munde eines aus Böhmen stammenden Bischofs vernehmen, können wir nicht vergessen, in welchen Feuerofen des Leidens unsere Glaubensbrüder in der Tschechoslowakei heute gestellt sind. Und so muss die Bitte, die wir gemeinsam mit dem heiligen Bischof Neumann verrichten, eine Bitte werden für unsere Brüder auf der anderen Seite der Grenze:

– dass der Herr in der Nacht ihrer Leiden ihnen das Licht der Hoffnung schenke;

– dass er im Dunkel der Verzweiflung und der Verlassenheit ihnen das Licht seiner Nähe gebe;

– dass er inmitten einer Welt, die dem Glauben ins Gesicht schlägt, sie seine Wahrheit und seine Nähe spüren lasse;

– und dass er uns allen schenke, Diener seiner Liebe in dieser unserer Welt zu sein.

Predigt anlässlich der Heiligsprechung
von Bischof Johann Nepomuk Neumann
in St. Michael in München am 22. 6. 1978

Franz von Sales

Schrifttext: Eph 3, 8–12

*In ihm haben wir den freien Zugang durch das Vertrauen,
das der Glaube an ihn uns schenkt* (vgl. Eph 3, 12). In diesem letzten Satz der heutigen Lesung ist eigentlich die ganze
geistige Botschaft des Lebens von Franz von Sales ausgedrückt, dessen Fest wir heute begehen. Er ist gleichsam der
biblische Ort, in dem sein Leben gelebt ist und von dem her
es zu uns spricht. Drei Wörter begegnen uns da: Freiheit –
man kann auch Freimut, Angstlosigkeit übersetzen –, Zugang, Vertrauen. Sehen wir sie der Reihe nach im Spiegel
dieses Lebens an und versuchen wir so zu hören, was der
Herr uns heute sagen will.

Beginnen wir mit dem Letzten – *Vertrauen.* Franz von Sales,
der in dem eigentlichen Wirkraum des Kalvinismus aufgewachsen war, ist in seinem Studium mit der kalvinischen
Prädestinationslehre zusammengetroffen, die behauptet,
dass Gott von Ewigkeit her festgelegt habe, welche Menschen zur Seligkeit und welche zur Verdammnis bestimmt
seien. Diese Lehre hat ihm geradezu das Herz zusammenge-
schnürt. Sie hat ihn so tief getroffen, dass er nicht mehr los-
kam von der Angst, die sie in sich enthielt, ja sicher zu sein
glaubte, dass er einer von den zur Hölle Bestimmten sei. In
diesem abgründigen Dunkel eines Gottes, der keinen Aus-
weg mehr lässt, hat er seinen Weg nur dadurch finden können, dass er am Ende sagte: *Nun, wenn Gott mich verdam-
men will, dann soll er es tun. Ich will mich darum nicht
bekümmern, sondern ihn trotzdem lieben.* Und damit war er
frei geworden. Er hatte aufgehört, umzuschauen nach sich

selbst. Er überließ das, was aus ihm werde, Gott. Und so konnte er vorwärts schauen in solchem ruhigen Vertrauen, das der eigentlich wahre Glaube ist, der die Furcht überwindet und der Freiheit gibt. Wer umschaut, dem geht es immer wie der Frau des Lot: Er wird zur Salzsäule, er wird sauer und er verquert sich, er erstarrt in sich selbst. Und dies ist unser aller Gefahr (gerade die Gefahr der Menschen dieses Jahrhunderts, die so viel machen können): dass wir uns nach uns selbst umschauen, uns selbst machen, uns zuwege bringen wollen vor Gott, dass wir kalkulieren, wie es mit unserem Schicksal steht, und so salzig, sauer, ungenießbar werden vor Gott und für uns selbst, nicht mehr vertrauen können, unfrei werden. Glauben aber heißt, diese Freiheit haben, sich Gott überlassen und nur vorwärts schauen. Auf ihn zugehen, unbekümmert um das eigene Sich-Machen in Gottes Händen stehen und so befreit, des Vertrauens voll, ihn lieben – und damit überhaupt lieben können.

Damit eröffnet sich das zweite Wort – *Zugang*. Immer wieder begegnet uns dies, dass wir vor irgendeiner Sache oder einem Menschen sagen müssen: Dazu finde ich keinen Zugang. Es gibt sozusagen nicht die Brücke, in der die beiden Dinge zusammenklingen, auf der mein Wesen hinübergehen kann in das Andere. Und zu Gott hat kein Mensch von sich aus Zugang. Wie sollten wir, die Endlichen, die Zeitlichen, die Sündigen, Zugang haben können in die Ewigkeit, zu dem Heiligen, zu dem Unendlichen? Gott aber hat gleichsam die Brücke der Zugänglichkeit ausgefahren. Er hat sich selbst zum Zugang zu sich gemacht, indem er Mensch geworden ist. Der Mensch Jesus, in dem wir unseren Bruder berühren können und in dem wir Gott berühren können, ist der Zugang zu Gott. Und seitdem kann Gottsuche wie Hinführung zu Gott, Seelsorge jeder Art, letztendlich nur dadurch geschehen, dass sie Vergegenwärtigung Jesu ist, dass sie den Zugang offenlegt und die Verstellung wegnimmt. Und dies ist die Aufgabe eines jeden, der selbst zu Gott finden und andere zu Gott führen will: Jesus zu vergegenwärtigen, damit der Zugang da sei. Wir können ihn aber nur vergegenwärtigen, wenn wir Gegenwart Jesu sind, wenn wir kommunizieren mit ihm, wenn wir eingetauft sind in seine reale Gegenwart und ein Stück dieser seiner realen Gegenwart in dieser Welt selbst werden. Seine reale Gegenwart in dieser Welt ist der mystische Leib, die Kirche, in der er sich durch Wort und Sakrament und zuinnerst durch die Eucharistie uns kommuniziert. Franz von Sales ist immer tiefer eingetaucht in ihr Geheimnis und so immer mehr ein Stück Vergegenwärtigung Jesu Christi geworden.

Wie dies in seinem Leben aussah, spricht die heutige Oration an mit zwei Stichworten: *Allen alles werden* und *mansuetudo*, die Milde Jesu. Dies sind vielleicht die bezeichnendsten Aspekte, mit denen Franz von Sales etwas vom Geheimnis Jesu Christi durch sein Eins-Werden mit Christus in der Kirche in seinem Jahrhundert wirklich werden ließ. *Allen alles werden.* Weil er mit Christus eins war, war er für die Armen und für die Reichen, für die Einfachen und für die Gebildeten da, weil die innerste Wirklichkeit des Glaubens für alle eine ist. Und so hat er die Milde Jesu Christi verkörpert, gerade in einem Jahrhundert des Grobianismus, der Beschimpfungen, im Jahrhundert, in dem der Dreißigjährige Krieg ausbrach, im Jahrhundert der Härte, der Düsterkeit, der Brutalität. Und so wurde Jesus sichtbar.

Mansuetudo, die Milde Jesu Christi. Sie zeigt sich etwa auch darin, dass er eine Frömmigkeit für den Nichtfrommen zu schaffen versucht, dass er Klöster auch für diejenigen schaffen will, die der großen Taten der Heiligen und der alten Asketen nicht fähig sind, die physisch oder psychisch zu schwach sind dazu. Und er hat hier etwas von der Spiritualität der Kleinen Therese vorweggenommen, von dem »klei-

Hl. Franz von Sales

nen Weg«, dem einfachen, nicht nach dem Großen greifen-
den, geduldigen, ohne Heroismus Zugewandt-Leben zu Jesus Christus. Gerade indem er diese Brücke gleichsam bis
vor unsere Füße hin ausfährt, hat er den Weg aufgetan. Und
in seinem eigenen Leben hat er uns gezeigt, wie es dann allerdings weitergeht und allmählich in eine große, anspruchs-
volle Askese, in eine tiefe, mystische Vereinigung mit dem
Herrn hineinführt. Aber immer ausgehend davon, dass Er
Zugang ist und dass Er zugänglich ist. Und dass wir in solchem Aufnehmen der einfachen Zugänge in das Große hin-
einwachsen können.

Und da ist endlich dieses dritte Wort – *Parrhesia, Freimut* –
angstlose Freiheit vor Gott. Was damit gemeint ist, zeigt
sich in seiner »Philothea«, wenn er einer jungen, lebenslusti-
gen Adligen den Weg ins Christsein aufzuklären versucht
und dabei die Schöpfungsgeschichte nimmt, die ihm als
Spiegelung unserer Glaubensgeschichte erscheint. Das Wort
des Schöpfers an die lebendigen Dinge dieser Welt, *sie sollen
Frucht tragen, ein jedes nach seiner Art* (vgl. Gen 3, 11), wird
ihm zugleich ein Ausdruck für die große geistliche Welt, die
vor Gott und der Kirche erstehen soll. Frucht tragen, ein jedes nach seiner eigenen Art. Wir selbst sind darin angespro-
chen, sagt er. Wir sind diese Schöpfung – dieser große, reiche, vielgestaltige Gottesgarten, in dem jedem seine Frucht
zubestimmt ist, jeder seiner Frucht fähig ist und gerufen,
nicht das andere zu tun, sondern das Eigene: Frucht zu bringen auf seine Art. Und Franz von Sales sagt: *Ein Bischof soll
und kann nicht leben wie ein Kartäuser. Und Eheleute nicht
wie Kapuziner. Handwerker nicht wie beschauliche Ordens-
leute, die den halben Tag und die halbe Nacht im Gebet
sind. Es wäre eine törichte und lächerliche Frömmigkeit – Jedes nach seiner Art. Und: Alle Früchte will Gott.* Und er fügt
hinzu: *Die wahre Frömmigkeit zerstört nicht, sondern sie*

veredelt und verschönert. Sie führt die Einheit zwischen Beruf und Religion herbei, sie bildet eine Einheit aus Beruf und Religion. Und es gibt daher so viele Frömmigkeiten, so viel es Berufe gibt.

Mir fällt dabei eine Notiz ein, die Papst Johannes XXIII. 1903 in sein Tagebuch geschrieben hat und die seinen eigentlichen geistlichen Durchbruch darstellt. Er sagt: *Mit einer Gewalt, dass ich es mit Händen greifen kann, ist mir aufgegangen, wie es mit der Heiligkeit steht, dass mein bisheriger Begriff davon falsch ist. Ich habe immer versucht, die einzelnen Tugenden der einzelnen Heiligen genau nachzuahmen, und bin dabei natürlich immer unbefriedigt geblieben. Aber jetzt weiß ich: Ich soll nicht die steckendürre Reproduktion irgendeines Heiligen sein, ich soll vielmehr seinen Lebenssaft – seinen sugo vitale – herausnehmen und daraus neu, auf meine Art, Frucht tragen.* Darum geht es: *Frucht tragen – jeder auf seine Art.* Gott hat einen reichen Garten geschaffen und jedem seine Weise der Heiligkeit gegeben, in der Gottes Blumen blühen und Früchte reifen. Nicht wie in steckendürrer Reproduktion nachahmen, sondern den eigentlichen *sugo vitale*, den Lebenssaft des Evangeliums, die eigentliche, tiefere, innere Essenz des Heiligen den Heiligen ablauschen, damit sie in uns neuer Lebenssaft wird, der auf seine Weise Frucht trägt und Gottes Anruf erfüllt, Gottes Möglichkeiten in der Schöpfung zum Blühen und zum Reifen bringt.

In Genf steht das Haus des heiligen Franz von Sales direkt dem Haus von Jean-Jacques Rousseau gegenüber. Und dies kann man wie ein Sinnbild ansehen. Zwei Grundmöglichkeiten der Neuzeit, zwei Alternativen des Menschseins begegnen sich da: Franz von Sales, der Mensch, der sich hat fallen lassen, von sich weggeschaut hat und so voll Vertrauen wurde. Und darin froh wurde, ein Liebender wurde, und dann die Milde, die Güte, die Freiheit Jesu Christi ausstrahlte. Und so selbst den Menschen Freiheit gab – Freiheit von sich selbst, Freiheit zu ihrer Frucht in Gottes Schöpfung.

Und auf der anderen Seite Jean-Jacques Rousseau, der als Erster und wie kein anderer die große Verweigerung gelebt hat – auch er in der Auseinandersetzung mit dem Kalvinismus, die ihn zur Ablehnung führte, zur Ablehnung dessen, was wir sind, zur Suche nach dem *homme naturel*, dem nur noch natürlichen Menschen, für den schließlich selbst die Sprache und die Institution zur Repression, zur Bedrückung werden, die unfrei macht und auf der man zurückgehen müsste, zurück schließlich hinter die ganze Schöpfung Gottes. Er hat als erster ein Menschsein konzipiert, das keinerlei Teleologie, Zielbestimmung, in sich trägt und damit natürlich unermessliche Wege ausschreiten kann. Aber es sind Wege, die im Leeren verlaufen, die Verweigerung sind. Am Ende drängt es ihn doch, die ungeheure Last dieses Lebens irgendwie abzuwerfen, wenn er in seinen Bekenntnissen (die er aber nicht wie Augustinus vor Gott, sondern nur vor dem Publikum ablegen kann, weswegen er sich am Ende die Absolution selbst geben muss) sagt: *Falls die Posaune des Gerichts ertönt, dann werde ich mit all dem, was ich da getan habe, vortreten und sagen: »Wer besser ist als ich, der komme.«* Eine am Ende nur bedrückende Weise der Absolution! Er hat die große Verweigerung, sowohl die der permanenten Revolution wie die der totalen Diktatur, vorgezeichnet. Die beiden Möglichkeiten, zwischen denen unser Jahrhundert hin- und herschwankt – schwanken muss –, denn wenn es nicht den Sprung des großen Vertrauens findet, bleibt nur der Schrei der Empörung.

Franz von Sales und Jean-Jacques Rousseau: die beiden Häuser gegenüber in Genf, die beiden Möglichkeiten dieses Jahrhunderts. Der Herr wartet auf uns. Er ruft uns, das Vertrauen zu wagen, uns ihm zu überlassen, nicht rückzufragen und umzuschauen und so den Zugang zu ihm zu finden: die Freiheit und die Freude des Evangeliums. Bitten wir ihn, dass wir seinem Anruf zu folgen vermögen und so jeder von uns Frucht bringe nach seiner Art, wie er es uns geschenkt hat.

Predigt am Fest des heiligen Franz von Sales
im Angerkloster in München am 24. 1. 1982

PAUL MIKI UND GEFÄHRTEN

Es fügt sich, dass wir diese heilige Messe am Gedenktag der ersten Martyrer Japans feiern – des heiligen Paul Miki und seiner Gefährten, die am 5. Februar 1597 in Nagasaki gekreuzigt wurden. Als die Boten des christlichen Glaubens in der Mitte des 16. Jahrhunderts erstmals das Evangelium auf die japanischen Inseln trugen, war es, wie wenn die Menschen längst auf das Nahen Jesu Christi gewartet hätten. Binnen kurzem war die Zahl der Gläubigen auf 300 000 angewachsen. Christus erschien ihnen nicht als ein Fremder, sondern als der, der auch einen jeden von ihnen *geliebt* und sich für ihn *hingegeben* hatte (vgl. Gal 3, 20), mit einer Liebe und mit einer Hingabe, die nie Vergangenheit wird, sondern immer Gegenwart ist. Und in der Tat: Christus ist niemandem fremd, weil Liebe der eigentliche Gegensatz zur Fremdheit ist. Er ist niemandem fremd, weil er die Sprache der Liebe spricht – die einzige Universalsprache, für die wir alle geschaffen sind. Er ist niemandem fremd, weil alle Menschen im Grund ihres Wesens auf Gott warten – auf den wirklichen Gott, der so menschlich ist, dass er selbst ein wirklicher Mensch wird, und der so göttlich ist, dass er mit der Macht seiner Liebe alles Schreckliche der Welt, allen Hass, alle Lüge, alle Kälte aushält und überwindet.

Es war das Glück der frühen japanischen Mission, dass das Evangelium ohne alle irdische Macht ankam: ohne Schwert und ohne Geld. So konnten die Menschen Christus ganz rein kennen lernen, so arm und einfach und so wahrhaft groß, wie er damals in Palästina lebte und wie er dann als Auferstandener durch die Botschaft der Apostel in die griechisch-römische Welt kam. Die Dinge wurden anders, als bei der Landung spanischer Franziskaner bei dem ersten Shogun im Blick auf die nahen Philippinen die Furcht vor einer Verbindung von Christentum und europäischem Kolonialismus aufstieg. Der Shogun war dabei, alle politische Macht im Land an sich zu ziehen, und er sah in Christus den politischen Konkurrenten, der sein Einigungswerk bedrohte. So brach nun mitten in den Frühling des Glaubens der Frost der Verfolgung ein. Die Berichte vom Martyrium der japanischen Christen ähneln auf ganz verblüffende Weise dem, was wir über die Glaubenszeugen der alten Kirche wissen. Es gibt bei diesen Martyrern keine Spur von Fanatismus. Auch nicht eine Andeutung von Hass ist zu spüren, aber auch keine Angst, keine Zweifel, ob man nicht vielleicht doch auf den falschen Gott gesetzt habe, sondern vielmehr eine große Gewissheit und eine gelöste Heiterkeit. Auf den wohlgemeinten Versuch heidnischer Eltern, ihren dreizehnjährigen Sohn vom Glauben abzubringen, antwortete dieser: *Wenn ich im Himmel vor unserem Herrn erscheine, werde ich bestimmt für euch beten.* Als er dann am Kreuz hing, erinnerte er den Priester daran, dass sie vom Kreuz aus singen wollten, und als der Priester nicht anstimmte, tat er es selber. Die Martyrer, deren viele noch halbe Kinder waren, priesen Gott mit dem Gesang des Psalms: *Laudate, pueri, Dominum – lobt, ihr Jungen, den Herrn.* (Ps 112, 1 Vulg.; 113, 1) Das Gleichnis vom Schatz im Acker, von der gefundenen Perle (Mt 13, 44 f) hatte sich bei ihnen erfüllt: Im Evangelium Jesu Christi hatten sie die kostbare Perle erkannt, die allen Besitz der Welt aufwiegt, weil sie ganz einfach die große Freude ist, die genügt – das, was wir mit der Unruhe unseres Herzens im geheimen immerfort suchen. Alle Unrast des Menschen, auch alle seine Fehltritte, beruhen darauf, dass er nach etwas sucht, nach dem ganz Großen, ganz Ausfüllenden, nach dem höchsten Reichtum, nach einem Glück ohne Grenzen und ohne Ende. Er sucht nach dem Schatz im Acker der Welt, und er weiß, dass er irgendwo versteckt sein muss. Er sucht nach der Perle im Inneren der verschlossenen Muschel des Lebens. Im Johannesevangelium heißt diese Perle dann einfach *die Freude* (vgl. Joh 17, 13).

Die Martyrer, die am Kreuze sangen, hatten die große Freude gefunden; sie trugen sie unverlierbar in ihren Herzen. Die Perle der unzerstörbaren Freude war jeden Preis wert; vor ihr wog der Schmerz gering, und auch der Tod war kein zu hoher Preis. Sie wussten eben, dass die Freude den Tod überdauern würde, dass sie unzerstörbar, ewig ist. Das ist ein Punkt, den wir heute kaum noch verstehen. Das Wort Himmel wagen wir fast nicht mehr auszusprechen; es erscheint uns als ein Wort der Flucht vor der Wirklichkeit. Kürzlich besuchte mich ein amerikanischer Gelehrter, dessen Mutter im Krankenhaus durch die Überdosis eines Medikaments vorzeitig gestorben war. In seinem Schmerz suchte er nach theologischer Literatur über Tod und ewiges Leben, um daraus Hoffnung und Trost zu schöpfen. Am Schluss war seine Trostlosigkeit noch quälender geworden. »Der Himmel ist dunkel« – so fasste er den Eindruck seiner Lektüre mir gegenüber zusammen –, »er ist von einer Schicht undurchdringlicher Wolken verdeckt.« Demgegenüber macht es uns fast schwindelig zu lesen, mit welch heiterer Selbstverständlichkeit die jungen Martyrer Japans vom Himmel sprachen. Ein Zwölfjähriger, den der Gouverneur mit dem Versprechen großer Ehren vom Glauben abzubringen und so zu retten versuchte, antwortete: *Die Freuden und Ehren des Lebens sind nur wie Schaum auf dem Wasser, wie der Morgentau auf den Gräsern. Die Freuden und Ehren des Himmels dagegen sind unvergänglich.* Ist das nun Weltflucht? Die Furchtlosigkeit vor dem Zugriff menschlicher Macht und die unerschütterliche Redlichkeit, die sich durch keine Gunst beirren lässt, sind auf jeden Fall Tugenden, die gerade für dieses unser Leben taugen und auch heute der Korruption der Macht und des Besitzes gegenüber bitter nötig sind.

Aber wir müssen noch tiefer gehen. Ich möchte dazu nochmals eine kleine Geschichte erzählen. Im vergangenen Jahr feierte der berühmteste Vertreter der katholischen Soziallehre in Deutschland seinen 100. Geburtstag. Einer der Gratulanten wünschte ihm noch ein paar Lebensjahre, worauf der große Mann antwortete: »Nein, das ist mir zu wenig – ich will ewig leben.« Er war und ist kein Mann, der vor der Zeit und ihren Aufgaben fliehen würde. Er konnte sich der Zeit stellen, weil er sich von der Gnade und der Verantwortung ewiger Liebe gehalten wusste. Die große Freude, die Freude des ewigen Lebens, ist nicht die Freude, die danach kommt, so wie das ewige Leben selber nicht das Leben ist, das danach einmal kommt. Wie sollte es uns denn dann jetzt schon tragen? *Schau, dein Himmel ist in dir*, heißt es in einem alten deutschen Kirchenlied. Der Himmel ist in uns, wenn Jesus in uns ist. Denn Er ist der Himmel. Alle Worte über den Himmel und über die Erde verstehen wir neu, wenn wir das anfangen zu begreifen. Geschieht dies, sind wir dabei, die Perle zu entdecken. Und dann wird uns auch kein Preis dafür mehr zu hoch sein, weil jede Mühsal und jeder Schmerz unendlich geringer ist als die unbezahlbare Freude, die wir so erwerben. Ja, auch der Schmerz wird nun kostbar, weil er uns näher an die Perle herangeführt hat. Priester sein heißt: die Freude entdeckt haben und sie auch zu den anderen bringen. Denn sie ist so groß, dass wir sie unmöglich für uns behalten können. Dass uns diese Gnade geschenkt werde, darum wollen wir beten.

Predigt am Gedenktag des Paul Miki und seiner Gefährten im Holy-Trinity-Seminar von Dallas/Texas am 6. 2. 1991

JOSEF

Schrifttext: Mt 1, 16. 18–21. 24a

Vor kurzem sah ich in der Wohnung von Freunden eine Darstellung des heiligen Josef, die mich nachdenklich machte. Es war ein Relief aus einem portugiesischen Altar aus der Barockzeit und zeigte die Nacht vor der Flucht nach Ägypten. Da war ein großes, offenes Zelt, von oben her naht ein Engel, in der Öffnung des Zeltes liegt Josef – schlafend, aber angetan mit dem Gewand eines Pilgers, eines Reisenden mit großen Stulpenstiefeln, wie man sie für eine schwierige Wanderung braucht. Was zunächst vielleicht ein wenig einfältig erscheint, dass der Schlafende so zugleich schon der Reisende ist, führt in Wirklichkeit in die Tiefe und lässt uns etwas von der Botschaft vernehmen, die von dieser Gestalt ausgeht.

Josef schläft, aber zugleich ist er fähig, den Engel zu hören (vgl. Mt 2, 13 f). Es geht von ihm sozusagen das aus, was das Hohelied einmal sagt: *Ich schlief, aber mein Herz wachte.* (Hld 5, 2) Die Sinne ruhen, aber der Grund der Seele ist offen. Das offene Zelt wird zum Bilde des Menschen, der in die Tiefe, der nach innen und nach oben hören kann, der offen genug ist, dass das Leben Gottes und seiner heiligen Engel an das Ohr seines Herzens dringt. In der Tiefe berührt sich eines jeden Menschen Seele mit Gott. Von innen her will er zu jedem von uns sprechen, ist er einem jeden von uns nahe. Aber wir sind ja meistens vollgestellt mit Geschäften, mit Sorgen, mit Erwartungen und Wünschen aller Art. Wir sind so voll mit Bildern und Bedrängnissen, die der Tag an uns heranträgt, dass wir bei aller Wachheit des Äuße-

31

ren die innere Wachheit verloren haben, dass wir die Stimme vom Grund unserer Seele her nicht mehr zu vernehmen vermögen. Die Seele ist gleichsam mit Gerümpel so vollgestellt, so viele Mauern sind vor die Nähe Gottes vorgebaut, dass er und seine leise Stimme nicht mehr durchdringen können. In der Neuzeit hat sich eine Bewegung abgespielt, in der wir immer fähiger geworden sind, die Welt zu beherrschen, aus den Dingen zu machen, was wir wollen; aber dieses Voranschreiten unserer Macht über die Dinge, unserer Erkenntnis dessen, was man mit ihnen anfangen kann, hat zugleich dazu geführt, dass unsere Wahrnehmung geschrumpft ist, dass unsere Welt eindimensional geworden ist. Wir sind beherrscht von unseren Dingen, von dem, was man in die Hand nehmen, mit dem man etwas tun kann. Wir sehen im Letzten nur uns selber und hören nicht mehr in die Tiefe der Schöpfung hinein, die auch heute von der Schönheit und von der Güte Gottes spricht. Der schlafende Josef, der aber zugleich hörfähig ist nach innen und nach oben – wie wir es heute in diesem Evangelium ja auch gehört haben –, ist der Mann einer inneren Sammlung und Bereitschaft. Das Zelt seines Lebens steht offen. So redet er uns an, lädt uns ein, dass wir uns ein wenig von dem Geschrei der Sinne zurückziehen, dass auch wir wieder Sammlung finden, dass wir lernen, nach innen und nach oben zu schauen, dass Gott auch unsere Seele berührt und zu ihr sprechen kann. Ich denke, gerade die Fastenzeit ist eine solche Periode in unserem Leben, in welcher wir dieses Weggehen von all dem Täglichen, das uns bedrängt, und das Gehen nach innen wieder üben sollen.

Und da ist dann das Zweite. Dieser Josef ist gleichsam sprungbereit. Er ist bereit, wie es im heutigen Evangelium heißt, aufzustehen und den Willen Gottes zu tun (vgl. Mt 1, 24; 2, 14). Darin berührt er sich mit dem, was die Mitte von Marias Leben, was ihre Aussage in der entscheidenden Stun-

Darstellung des hl. Josef, Halbrelief

de ihres Lebens ist. *Siehe, ich bin da! Ich bin die Magd des Herrn!* (Lk 1, 38*)*. Das gilt auch so für ihn – dieses Bereitsein zum Aufstehen. *Siehe, ich bin dein Knecht! Nimm mich!* Oder wie Jesaja in seiner Berufungsstunde antwortet: *Herr, da bin ich! Sende mich!* (Jes 6, 8; vgl. 1 Sam 3, 8 f). Das ist der Ruf, der fortan sein ganzes Leben bestimmt. Und noch ein anderes Wort aus der Schrift kommt einem dabei in den Sinn, die Anrede Jesu an Petrus: *Du wirst geführt werden, wohin du nicht willst* (Joh 21, 10). Josef, der Bereite, hat es mit seinem Willen zum Maß seines Lebens gemacht. Er war da, um sich führen zu lassen, auch wohin er nicht wollte. Sein ganzes Leben ist eine Abfolge solcher Führungen.

Es beginnt mit dieser ersten Begegnung, in der der Engel ihn in das Geheimnis der Gottesmutterschaft Mariens, in das messianische Geheimnis, einweist, und so das stille, bescheidene, zufriedene Leben, auf das er zugehen wollte, ihn jählings unterbricht, indem er ihn hineinreißt in das Abenteuer Gottes mit den Menschen – gleichsam in die Nähe des brennenden Dornbuschs, in die unmittelbare Begegnung mit dem Geheimnis, dessen Zeuge und Mitträger er sein muss. Was das bedeutet, zeigt sich sofort: Die Geburt des Messias kann nicht in Nazareth erfolgen. Josef muss aufbrechen nach Betlehem, in die Stadt Davids, aber auch hier kann nicht die Stadt der Ort sein. *Die Seinigen nahmen ihn nicht auf* (Joh 1, 11). Das Geheimnis des Kreuzes steht über der Stunde. Der Herr wird geboren, außerhalb der Stadt, in einem Stall. Und dann kommt die nächste Begegnung mit dem Engel, die Josef ins Exil nach Ägypten führt (Mt 2, 13–15). Er erfährt dort das Schicksal des Unbehausten, des Heimatlosen, des Asylanten, des Fremden, der nicht dazugehört und suchen muss nach einer Stätte für sich und für die Seinen. Vor der Rückkehr steht wiederum die bleibende Bedrohung. Und dann kommt jenes schwere Erlebnis, die drei Tage der Abwesenheit Jesu (vgl. Lk 3, 46), die gleichsam schon das Geheimnis der drei Tage zwischen Kreuz und Auferstehung vorausnehmen: das Verschwundensein, die Abwesenheit des Herrn. So wie der Auferstandene dann nicht einfach wieder zurückkehrt ins alte Leben, in die alte Vertraulichkeit, sondern sagt: *Versuche nicht, mich festzuhalten! Ich steige auf zum Vater.* Du kannst nur mit mir sein, wenn du mit aufsteigen willst (vgl. Joh 20, 17), so kommen auch hier, beim Wiederfinden im Tempel, die Fremdheit, der Ernst und die Höhe des Geheimnisses zum Vorschein, wenn Jesus Josef gleichsam auf seinen Ort zurückweist und damit zugleich in die Höhe führt. *Ich musste in dem Eigentum meines Vaters sein* (vgl. Lk 2, 19). Du wirst nicht Vater heißen, du bist nur Hüter, nur Treuhänder dieses Amtes und in ihm darin das Geheimnis der Menschwerdung Gottes sein. Und schließlich stirbt Josef, bevor er die Offenbarung der Sendung Jesu erleben darf. Es bleibt alles – das ganze Leiden und die Hoffnungen – verborgen in der Stille. Dieses Leben ist nicht Selbstverwirklichung, in der der Mensch alles aus sich herausholt, was er finden kann, und alles aus sich zu machen versucht, was er mit seinem Leben glaubt anfangen zu können. Es ist nicht Selbstverwirklichung, sondern Selbstverleugnung, *Geführt werden, wohin du nicht willst.* Er nimmt sein Leben nicht in Besitz, sondern er gibt es. Er führt nicht einen Plan durch, den er mit seinen eigenen Sinnen erdacht hat, dem er mit seinem eigenen Wollen Gestalt gibt, sondern er gibt sich in die Hände der Weisungen Gottes, gibt seinen eigenen Willen weg in den Willen des Anderen, in den größeren Willen, in den Willen Gottes hinein. Aber gerade wo das geschieht, das wahre Sich-Verlieren, findet sich der Mensch. Ja, nur im Verlieren unserer selbst, im Geben unserer selbst, können wir uns empfangen. Und wo dies geschieht, geschieht nicht die Herrschaft des eigenen Willens, sondern die von Gottes Willen. *Nicht mein Wille geschehe, sondern der deinige* (Lk 22, 42). Wo das geschieht, was wir erbitten – *Dein Wille geschehe im Himmel wie auf Erden* –, da wird auf Erden ein Stück Himmel, weil es da auf Erden ist wie im Himmel. Und so zeigt Josef, der Sich-Verlierende, der Verzichtende, der gleichsam im Voraus dem Gekreuzigten nachfolgt, den Weg der Treue, den Weg der Auferstehung und des Lebens.

Es folgt ein Drittes. Dieser Josef ist als Pilger gekleidet. Und sein Weg ist von der Stunde des Geheimnisses an ein Unterwegssein, ist Pilgerschaft. Er steht unter dem Zeichen Abrahams; denn die Geschichte Gottes, die Geschichte mit den Menschen, die Geschichte seiner Erwählungen beginnt mit dem Ruf an den Stammvater: *Geh heraus aus deinem eigenen Land und sei ein Fremder!* (vgl. Gen 12, 1; 26, 3; Hebr 11, 8 f). Josef wird dadurch zum Vorausbild der christlichen Existenz, indem er das Nachbild der abrahamischen ist. Der erste Petrusbrief und der Hebräerbrief betonen dies mit großem Nachdruck. Als Christen – sagen uns die Apostel – *seid ihr Fremdlinge und Pilger und Gäste* (1 Petr 1, 1. 17; 2, 11; Hebr 13, 14). Denn unser Zuhause – oder wie der heilige Paulus im Philipperbrief sagt –, *unser Staatswesen ist im Himmel* (Phil 3, 20). Wir hören das heute nicht mehr gern, diese Rede vom Himmel; denn wir denken, das führe uns von unseren Pflichten auf der Erde weg, entfremde uns der Welt. Wir meinen, es sei nicht nur die Erde zum Paradies zu gestalten und nicht wegzuschauen von ihr, sondern unsere Herzen, unsere Hände ganz ihr zuzuwenden. Aber gerade indem wir dies wollen, zerstören wir die Schöpfung. Denn die Erwartung des Menschen, gleichsam der Pfeil seiner Sehnsucht, ist aufs Unendliche gerichtet. Und es gilt immer noch und zeigt sich gerade heute wieder, dass nichts dem Menschen genügt als Gott. Er ist so geschaffen, dass das Endliche alles zu wenig ist für ihn, dass er mehr braucht: die unendliche Liebe, die unendliche Schönheit und Wahrheit. Diese Erwartung in ihm ist nicht umzubringen, aber er kann das Ziel aus den Augen verlieren. Und dann will er das Unendliche, die unendlichen Erfüllungen aus dem Endlichen herausholen. Er will auf der Erde den Himmel haben, er erwartet und verlangt alles von ihr und von diesem Leben und von dieser Gesellschaft. Indem er aus dem Endlichen das Unendliche herausbringen möchte, zertritt er die Erde und macht das Zusammenleben miteinander in einer geordneten Gesellschaft unmöglich, weil da jeder andere ihm zum Hindernis und zur Bedrohung wird; denn er nimmt auch ein Stück des Lebens und der Welt weg, das man doch eigentlich für sich selber haben möchte. Nur wenn wir wieder lernen, auch auf den Himmel hinzuschauen, wird die Erde hell werden. Nur wenn wir die ganze Größe der Hoffnung auf das ewige Mitsein mit Gott in uns lebendig werden lassen, wenn wir wieder Pilger auf das Ewige zu sind und uns nicht verkrallen in die Erde hinein, dann fällt das Strahlende unserer Hoffnung auch auf diese Welt und gibt auch ihr Hoffnung und Frieden.

So wollen wir an diesem Tage Gott danken für diesen Heiligen der Sammlung auf Ihn hin, des Bereitseins, des Gehorsams, des Sich-Verlierens, des Unterwegs-Seins auf Gottes Verheißungen zu, und so des Dienstes auch für die Erde. Wir wollen danken für diesen Jubiläumstag, an dem wir sehen, dass auch heute immer wieder Menschen sich dem Willen Gottes öffnen, seinen Ruf hören und den Weg mit ihm gehen, wohin immer er auch führt. Wir wollen um die Gnade bitten, dass uns solche Wachheit und Bereitschaft zuteil werde und die Fülle solcher Hoffnung unser Leben durchdringt und uns Gott entgegenführt, der unsere wahre Bestimmung ist in der Gemeinschaft im ewigen Leben.

Predigt am Hochfest des heiligen Josef in der Hauskapelle der Schwestern von der schmerzhaften Mutter in Rom am 19. 3. 1992

Maria, Mutter der Glaubenden

Beim ersten Zuhören scheint das Wort Jesu, das wir gerade gehört haben (Lk 11, 27 f), der Marienverehrung eher entgegenzustehen. Es sieht so aus, als ob er sagen wollte: Lobt nicht Menschen; nicht die leibliche Verwandtschaft zählt, sondern allein die Nachfolge, die Gemeinschaft des Geistes und des Herzens. Aber wenn wir dieses Wort im Gewebe des ganzen Evangeliums hören, dann öffnen sich erstaunliche neue Ausblicke, und es führt uns auf den tiefsten Grund der Marienverehrung hin und auf die Wegweisung, die in ihr liegt. Denn dieses Wort: *Selig, die das Wort Gottes hören* (Lk 11, 28), steht bei Lukas in genauer Entsprechung zu dem Gruß Elisabeths an Maria: *Selig bist du, die du geglaubt hast* (Lk 1, 45). Und er verstärkt den inneren Zusammenhang noch dadurch, dass er an zwei Stellen sagt: *Maria bewahrte das Wort in ihrem Herzen* (Lk 2, 19. 51): sie fügte es zueinander, sie bedachte, erwog und durchdachte es. Und auf solche Weise macht Lukas deutlich, dass die Seligpreisung derer, die das Wort Gottes aufnehmen und erfüllen, sich zuallererst und zutiefst an ihr erfüllt, dass sie die dem Herzen nach Verwandte ist, die das Wort Gottes in sich trägt und darum Stätte seiner Fleischwerdung werden konnte. *Ehedem sie dem Leibe nach Mutter wurde, war sie es dem Geiste nach schon geworden*, sagt der heilige Augustinus. Sie bewahrt Gottes Wort in ihrem Herzen, sie fügt es zusammen, bedenkt und durchdringt es. Lukas will damit sie selbst als Quelle von Überlieferung benennen, aber er zeigt damit zugleich, dass in ihr sichtbar wird, was Israels Geheimnis die Jahrhunderte hindurch war und was der Auftrag der Kirche in der Geschichte sein wird: nämlich eine Wohnstätte für das Wort Gottes zu sein, ein Ort, in dem es be-

38

wahrt ist mitten im Auf und Ab der Geschichte, mitten in ihren Stürmen, in ihren Wechselfällen, in ihrer Vergeblichkeit, in den Fehlschlägen nach dahin und dorthin. In all diesem Auf und Ab, in dem nichts zu bestehen scheint, ist es Israel, ist es die gläubige Kirche, dargestellt in Maria, die das Wort bewahrt, die es behält, die ihm Raum gibt, die es hindurchträgt durch die Wirrnis der Zeiten, dass es immer wieder neu lebendig werden und Frucht tragen könne.

Und Maria wird so im Evangelium des heiligen Lukas zugleich zu einer Auslegung des Gleichnisses vom Sämann und der Saat (Lk 8, 4 ff): Ihr Herz ist fruchtbare Erde, die Tiefe hat, in der Einwurzeln möglich ist. Sie gleicht nicht dem oberflächlichen Felsen, an dem die Dinge vorübergehen, vorüberspülen und nur der Alltag Einkehr halten kann. Sie ist nicht wie diejenigen, bei denen die Spatzen der täglichen Gedankenlosigkeiten alles aufpicken, was an Tieferem in das Herz hineindringen möchte, und sie trägt nicht das Dorngestrüpp des Reichtums, der Verfangenheit in die irdischen Sorgen, in die Selbstbehauptung des Besitzes in sich, die wiederum nicht zulässt, dass die tieferen Schichten des Herzens und des Seins erfasst werden. Sie ist guter Ackerboden, in den der Same hinunterfallen kann, in dem er bewahrt ist, Wurzel schlagen und reifen kann. In ihr geschieht es, dass die Kräfte ihres Seins gleichsam zum Saft und zur Nahrung für das Wort werden, dass sie sich hineinverwandeln lässt in diesen Samen und so allmählich Wort, lebendige Ikone, leuchtendes Bild Gottes wird – ganz hineingeformt in seine Botschaft. Und umgekehrt empfängt dieses Wort von ihr her neue Kraft, so dass es in seiner Vielfalt, in seinem Reichtum sichtbar wird.

Maria bewahrt das Wort und ist somit Wegweisung für uns. Wir leben ja alle in einer Zeit, in der unsere Herzen Felsgrund sind, an dem das Tiefere abprallt, an dem die Spatzen der täglichen Parolen wegpicken, was in uns hineinsinken möchte, in dem das Dorngestrüpp der Gier nach dem Besitz alles Tiefere verdeckt. Und wir leben – selbst in der Kirche – doch zu sehr von der kurzfristigen Mentalität, die nur das, was man machen kann, was zählbar ist, für wichtig hält, und die nicht mehr erkennt, dass wahrhaftig nicht bloß das zählt, was man zählen kann. Die tiefe Fruchtbarkeit, die Kräfte, die die Geschichte wirklich gestalten und verwandeln, die können nur aus dem kommen, was lange gereift ist, was tiefe Wurzeln hat, was erprobt und bedacht ist, was anverwandelnd durchlebt und durchlitten ist. Und die Kraft der Kirche, ihre verwandelnde Macht für die Welt, kann nicht darin bestehen, dass sie kurzfristig hier dies oder dort jenes treibt, sondern gerade darin, dass sie der Sammlung nach innen Raum gibt, dass wir wieder stille werden können, dass wieder etwas reifen und Frucht tragen kann in uns. Die Kirchenväter haben von daher Maria die *Prophetin* genannt. Und Prophetin bedeutet für sie nicht jemand, der wunderliche Dinge tun und Voraussagungen machen kann, sondern jemand, der durchtränkt ist mit dem Geiste Gottes und der so sehend und fruchtbar wird. Lassen wir uns dies wieder sagen. Es gibt ja in unserem Land, im ganzen Westen den Schrei nach der Meditation, die Flucht nach dem Asiatischen, weil das Christliche nur noch Aktivismus zu sein scheint. Aber wenn wir uns von den asiatischen Religionen nur kurzfristig ein paar Techniken leihen, können sie uns nicht Tiefe geben, sondern sie werden dann ja auch nur Instrumente unseres Egoismus, durch die wir versuchen, noch schlagkräftiger zu werden. Das Christentum hat selbst seine Meditation, seine meditative Mitte, so wir in unserem Aktivismus es nicht vergessen; sie ist dargestellt in der hörenden Mutter des Herrn. Und sie soll uns wieder Weisung werden zu dieser christlichen Meditation, zu der Einsammlung unseres Lebens in die fruchtbare Stille, aus der die wahre Kraft kommt. Deswegen haben wir Bischöfe in diesem Maimonat ein Wort über Maria an die Kirche in unserem Land gerichtet, weil uns wichtig scheint, dass wir das Marianische am Christsein wieder lernen: die gesammelte Kraft des Hörens, dass fruchtbarer Raum wird für das Wort. Und wir haben dazu ermutigt, marianisches Beten wieder zu wagen. Etwa den so viel verlästerten Rosenkranz, der gerade darin besteht, dass wir aus dem Aktivismus aussteigen, dass wir nicht fortwährend Neues erdenken müssen, sondern dass wir uns ruhig und gelassen dem Rhythmus dieser Worte hingeben und in dem Hineinstimmen und Hineinklingen unseres Herzens in das Wort gewaltlos selbst still und froh und reich werden.

Die Evangelienworte, die wir eben hörten, decken noch eine zweite Perspektive des Marianischen auf. Es ist ja eines dieser schweren Worte, in denen Jesus die Mutter abzuweisen scheint. Sie beginnen bei dem Zwölfjährigen – *Wusstet ihr nicht, dass ich im Hause des Vaters sein muss?* (Lk 2, 49) – und setzen sich fort bei der Hochzeit von Kana – *Was habe ich mit dir zu tun?* (Joh 2, 4) –, in dem Besuch der Familie Jesu – *Meine Familie sind meine Jünger* (vgl. Mk 3, 34 f) und reichen hin bis zum letzten Augenblick am Kreuz, wo er sie vollends weggibt und zur Mutter eines anderen macht (Joh 19, 26). Und doch sind dies nicht antimarianische Worte. Gerade von dieser letzten scheinbaren Verleugnung am Kreuz her geht uns zugleich das große Ja auf, das in ihnen liegt, die Bestätigung dessen, was Mutterschaft erfüllterweise heißt. Muttersein, das bedeutet einerseits hegen und pflegen, sammeln und Raum der Sammlung und der Geborgenheit geben. Aber dies ist nur das eine. So wie der Empfängnis die Geburt folgt, so muss dem Sammeln, Hegen und Bergen die Freigabe folgen, die den anderen freigibt, dass er er selber sei, die ihn nicht an sich binden, als sein Eigentum behalten will, sondern die Erfüllung der Liebe darin erkennt, ihn sich selbst sein zu lassen, ihn nicht zu halten, ihn loszulassen und damit sich selbst loszulassen und in solcher Freigabe des verzichtenden Zurücktretens Mutterschaft und Liebe zu vollenden. Maria hat es getan. Sie hat sich Ihn nehmen lassen, ist zurückgetreten und hat darin das Ja des Anbeginns, des Morgens der Verheißung, zur Erfüllung gebracht – bis zu dem Punkt hin, dass sie Mutter eines anderen wird und gerade darin den Herrn ganz zurückerhält, sie, die Mutter aller Glaubenden ist. Ich glaube, wir müssten gerade dies Zweite ganz neu lernen. Das Generationenproblem unserer Zeit, das im Jahr des Kindes mit großer Dramatik erneut ins Bewusstsein tritt, beruht auch darauf, dass wir das Unberechenbare der Freiheit eines anderen nicht mögen. Wenn schon Kind, dann soll es Bestätigung unserer Karrierewünsche, Verdoppelung des eigenen Selbst, wirklich die Erfüllung des eigenen Ich in dem Anderen sein. Und wir sind nicht fähig, Liebe gerade als Freigabe zu vollziehen und so die größere, reinere Sorge zu vollziehen, die erst die wahre Einheit schafft.

So steht Maria vor uns als jenes erfüllte Ja, das sich ganz zur Verfügung gibt, um zu bergen und um freizugeben, und das darin den Sieg der Liebe erfährt, die die Wahrheit ist. Unsere Vorfahren haben diesen Dom als Kirche zu unserer Lieben Frau gebaut und in ihm gleichsam das Marianische dargestellt, den Raum, der in der Wirrnis der Zeiten Geborgenheit und damit Freiheit ist. Und so wollen wir ihn lieben und seinen inneren Anruf erfüllen, in ihm in den Auftrag des Evangeliums eintreten: *Selig preisen mich alle Geschlechter, denn Großes hat der Herr an mir getan!* (Lk 1, 48 f).

*Ansprache bei der letzten Maiandacht
im Münchener Liebfrauendom am 31. 5. 1979*

Johannes der Täufer

Schrifttext: Lk 1, 57. 66. 80

Die Gestalt des heiligen Johannes des Täufers, dessen Fest wir heute begehen, kann uns bei aller Unvergleichbarkeit und Unwiederholbarkeit seiner Sendung dennoch helfen, etwas mehr von dem neuen Dienst des Pastoralassistenten in der Kirche zu verstehen. Der Täufer ist dazu da, die Menschen zu Jesus heranzurufen. Sein Dienst ist charakteristisch unterschieden von dem der Apostel und ihrer Nachfolger. Er vertritt nicht unmittelbar Christus selbst, wie sie es tun sollen, er tut die Tür auf für ihn. Er schafft den Raum, in dem er gehört werden kann. Er sammelt, reinigt, bereitet das Volk, damit die Möglichkeit sei, ihm zu begegnen. Er bringt die Menschen auf den Weg zu ihm. Solcher Dienst mochte in einer christlich gewordenen Welt eher zurücktreten. In einer Zeit, die immer weiter von ihm weglebt, in der die Organe für Gott und für Christus zu verkümmern drohen, ist solch katechumenal vorbereitender Dienst, der Raum auftut, damit Er selbst gehört werden könne, von einer neuen Dringlichkeit. Was solcher Dienst am Wort vom Menschen verlangt, wie er zustande kommt, wie er geschieht, darüber können wir den Texten der heutigen Liturgie einiges entnehmen.

Beginnen wir mit dem Schluss des heutigen Evangeliums. Da heißt es von Johannes, dass er in der Wüste lebte bis zu dem Tag, an dem er offen in Israel auftrat. Die Übersetzung überdeckt damit allerdings ein wesentliches Element des biblischen Textes, in dem nämlich steht: Er war in der Wüste bis zu dem Tag seiner *anadeixis* – dies ist ein Wort aus dem

Der hl. Johannes, Kollegiatstift St. Johann

antiken Beamtenrecht, das so viel bedeutet wie Bestallung, Einsetzung in ein Amt (Lk 1, 80). Lukas wird es zu Beginn des zehnten Kapitels wieder verwenden, um damit die Einsetzung der siebzig Jünger durch Jesus auszudrücken. Das will sagen: Johannes tritt nicht einfach auf in dem Augenblick, in dem ihm es schließlich richtig erscheint, sondern sein Tun steht in der öffentlichen Ordnung des Volkes Gottes, in der inneren Ordnung der Heilsgeschichte, im Übergang vom Alten zum Neuen Bund. Gewiss gibt es im Glauben ein Zeugnis, das jedermann ohne sonderlichen Auftrag tun kann und muss. Auch davon ist hier im Evangelium die

Rede, wenn uns erzählt wird, dass diejenigen, die Zeugen bei der Geburt des Täufers wurden, es weitersagten. Davon lebt der Glaube: von diesem einfachen Überfließen des Erkannten, des Erfahrenen, von der täglichen Weitergabe und Weiterrede dessen, was in uns lebt. Aber etwas anderes ist der öffentliche Dienst im Angesicht des Volkes Gottes, der in der öffentlichen Verantwortung seiner Ordnung steht und der gerade im Hineinfügen in diese Ordnung Zeugnis des gemeinschaftlichen Glaubens, Ereignis der Heilsgeschichte wird. Denn dies kommt nun hinzu, dass dieses Wort *anadeixis*, das Einsetzung besagt, also ein Ausdruck der öffentlichen Ordnung in der Kirche ist, zugleich auch Offenbarung bedeuten kann. In dem Hineintreten in die gemeinsame Ordnung der Kirche wird Offenbarung gegenwärtig, vollzieht sich Heilsgeschichte, erscheint der Herr.

Der geistige Hintergrund dessen, was damit gemeint ist, wird sichtbar, wenn wir nun auf die Erzählung über die Namensgebung eingehen. Zacharias erhält seine Stimme in dem Augenblick wieder, in dem er das Wort des Engels offen annimmt, sich im Ja zu dem von ihm vorgesagten Namen zur Wirklichkeit der Verheißung bekennt. Die Stummheit, die ihm vorher widerfahren war, war zeichenhafter Ausdruck für seine geistige Verfassung, mit der er dem Engel, der Botschaft Gottes gegenübertrat. Er war eingefangen in das, was Menschen eben für normal halten, für das, was sie sich selber ausdenken und begreifen können. Und in solcher Einstellung, die die Welt am eigenen Begreifen und am Durchschnittsverstand einer Zeit misst, konnte die Verheißung Gottes nur wie ein leerer Mythos erscheinen. Vor Gott – für das Neue und Andere und Größere Gottes, das unsere Möglichkeiten und Berechnungen durchbricht – war er stumm und taub, auch wenn er noch so feierliche Gebete in der Tempelliturgie zu verrichten wusste.

Aber ist er damit eigentlich nicht unser aller Vertreter? Sind wir nicht auf eine sehr ähnliche Weise alle zusammen nur taubstumm vor Gott, eingefangen in unsere Alltagsklugheit, in den Geist des Jahrhunderts und begrenzt in das, was wir von daher für richtig und verstehbar halten? Ist es nicht so, dass auch unser theologisches Tun, der Umgang mit vielerlei Begriffen, oft wie ein Disput unter Taubstummen ist, wo von der Wirklichkeit dieser Begriffe eigentlich nichts vernommen wird, wo nur leere Worthülsen bleiben? Und sind wir nicht auch in der Auslegung der Heiligen Schrift bei aller sorgfältigen Zergliederung der Texte, bei aller historischen und philologischen Gelehrsamkeit oft taube Hörer, die von dem, was darin eigentlich auf uns zutritt, nichts, aber auch nichts hören, sondern im Vordergrund eines Wissens verbleiben, das bis zum Geheimnis Gottes nicht heranreicht. Die Zunge des Zacharias löst sich in dem Augenblick, in dem er in das vorgegebene Wort der Verheißung hineintritt. Und wir alle können nur wahrhaft recht reden vom Herrn, wenn wir uns von ihm überwältigen lassen, wenn wir uns von ihm herausreißen lassen aus dem bloß Eigenen unseres Denkens und unseres Verstehens. Nur wenn wir den Sprung wagen in den gemeinsamen Glauben der ganzen Kirche, wenn wir wagen, in das vorgegebene Wort einzutreten, dann können wir darin allmählich mitreden, mithören und so auch anderen das Ohr öffnen für die Geheimnisse Gottes. Der Verstand allein, so wichtig er ist – auch der Verstand eines Jahrzehnts oder eines Jahrhunderts –, ist zu klein für Gott. Das Wort Gottes braucht mehr. Es braucht den Ausbruch aus der Kleinheit unserer Welt, den Mut, sich dem Großen des Glaubens aller Jahrhunderte mit dem Herzen anzuvertrauen.

Und noch etwas spielt in dieser Geschichte. Die Verwandten denken sich aus, was für einen Namen man unter Umständen wählen wird. Und sind erstaunt, dass es nun ein Name sein soll, der bisher in der Familie nicht vorkommt. Aber für Zacharias und Elisabeth ist klar, dass nicht das Herkommen zählt und dass nicht der eigene Einfall und der eigene Wille entscheidend sind, sondern der Wille Gottes. Darin erscheint der abrahamische Zug ihres Glaubens, jedes Glaubens. Er muss immer wieder heraustreten aus dem bloß eigenen Wollen. Er ist ein Auszug aus der eigenen Verwandtschaft, wie es hier gesagt ist und wie es bei Abraham war, ein Zugehen in den neuen Willen Gottes. Das Neue Testament bleibt immer neu. Es ist immer anders gegenüber dem, was uns das Gewohnte und Normale und Selbstverständliche erscheint. Es verlangt immer den Mut Abrahams, der heraustritt aus dem, was wir uns berechnen, der sich vom Herrn an der Hand nehmen lässt und den Willen Gottes über den eigenen Einfall stellt.

Damit sind wir nun schon bei dem angelangt, was der Dienst am Wort Gottes von uns verlangt. Das Evangelium sagt davon: *Alle, die von dieser Sache hörten, waren beeindruckt* (Lk 1, 66). Leider ist auch das eine etwas banalisierte Übersetzung; im griechischen Text steht: *Ethento en tē kardia – sie nahmen es sich zu Herzen, sie legten es in ihr Herz hinein.* Für das Wort Gottes – wir sagten es schon – ist unser Verstand nötig. Es beansprucht ihn und fordert ihn heraus. Aber er reicht allein nicht aus. Wir müssen dieses Wort hineinnehmen in unser Herz, bis in die innerste Tiefe unseres Seins, wo es innerlich »uns herumdreht«. Wir müssen es aufnehmen und jene Gärung wagen, in der es uns, wie die Bibel sagt, »die Eingeweide herumkehrt«. Nur wenn wir solchermaßen das Wort Gottes annehmen, trifft es uns, und dann geschieht auch, was hier gesagt wird: dass die Menschen betroffen sind. Oder in der Ursprache heißt es: *dass sie Furcht überfiel* (Lk 1, 65). Das will sagen: Man kann das Wort Gottes nicht lesen und dabei bequem sitzen bleiben, wie wenn man eine Zeitung liest. Sondern wenn wir wirklich das ganz Andere, den ganz Anderen berühren, dann muss es uns treffen wie ein Blitz, dann muss es in den Grund unseres Seins hinunterfahren, und dann werden wir zuerst einmal erschrecken über die Banalität und Vordergründigkeit, über das Ungenügende unseres Daseins vor der ewigen Macht und Herrlichkeit Gottes. Aber nur, wenn wir uns solch heiligem Erschrecken aussetzen, das Wort Gottes eben nicht wie eine Zeitung lesen, sondern wie Wort Gottes in unsere Tiefe dringen lassen, nur dann kann auch die Freude des Evangeliums wahr werden an uns. Denn wer nur im Vordergründigem bleibt, der wird auch in der Freude banal und vordergründig bleiben. Erst wer sich in der Tiefe öffnen lässt, kann begreifen, was es heißt, *Gott ist Gnade* – dies ist ja die Übersetzung des Namens Johannes. Darauf läuft alles hinaus: auf »Evangelium«, auf die wahre Freude. Aber damit die große Freude Gottes uns treffen kann, müssen wir groß geöffnet sein, müssen wir uns vorher treffen lassen von der Macht seines Wortes. Solcher Johannesdienst, den heiligen Schrecken des Wortes, das in seine heilige Freude hinein öffnet, in die Menschen hineinzutragen, können wir nicht leisten, wenn wir nicht zuerst selbst zuinnerst davon getroffen worden sind und so seiner Freude begegnet sind.

Nehmen wir noch einen Gedanken aus der Lesung heraus, wo von der Erfolglosigkeit des Propheten gesprochen wird, der sich dennoch geborgen weiß im Herrn. Erfolg kann niemals ein Maßstab unserer Botschaft sein. Und wer seine Identität sozusagen vom Erfolg her beziehen wollte, müsste alsbald die Identität des Wortes verfälschen, das ihm übergeben ist. Unser Grund muss tiefer sein. Er muss in der Einheit mit Gottes Willen, in der Geborgenheit in der ganzen Kirche, in der Geborgenheit in den Händen des Herrn bestehen, die uns frei macht, die uns getrost macht, die uns hilft, mit dem Licht des Wortes auch durch dunkle Zeiten hindurchzugehen, die uns unverzagt macht, weil wir wissen, dass Er zu uns steht.

Der heilige Augustinus hat eine sehr tiefe Betrachtung über das Verhältnis von Johannes und Jesus angestellt, indem er darauf hinweist, dass Johannes sich *Stimme eines Rufenden* (Joh 1, 23) nennt, Jesus aber *Wort Gottes* (vgl. Joh 1, 14) heißt. Stimme und Wort. Die Stimme geht vorüber, das Wort bleibt. Das Wort ist die Voraussetzung der Stimme, und die Stimme trägt das Wort zum anderen hin. Nur das Wort geht in ihn ein und bleibt. Stimme ist sozusagen nur Fahrzeug des Wortes; Stimme vergeht. *Ich muss abnehmen, er muss wachsen* (vgl. Joh 3, 30). Stimme dient dem Wort. Und doch kann das Wort ohne dieses Werkzeug der Stimme nicht unterwegs sein in dieser Welt, nicht zu denen dringen, für die es ausgezogen ist. Dies ist unser Ruf: Stimme zu sein für das Wort! Wir wollen den Herrn bitten, dass dies immer mehr uns allen, den Dienern des Wortes, geschenkt sei: Stimme zu sein, die sein Fahrzeug ist, und so an seiner Ewigkeit, an seiner Fülle Anteil zu erhalten.

Predigt anlässlich der Aussendung von Pastoralassistenten in der Pfarrei Heilige Familie in München-Harlaching am 24.6.1978

PETRUS

Schrifttexte: Apg 3, 1–10
Joh 21, 15–19

Jahr für Jahr stehen über der Priesterweihe die Gestalten der beiden Apostel Petrus und Paulus als Urbilder priesterlicher Sendung und als Zeichen für die Einheit der Kirche, in der diese Sendung geschieht. Durch die Liturgie dieses Tages sprechen sie zu uns, sie geben Euch, liebe Brüder, Geleit auf Eurem Weg in den Dienst hinein. In diesem Sinne wollen wir nun in die Lesungen des Tages hineinhören.

Da sitzt ein gelähmter Mann an der sogenannten Schönen Pforte des Tempels und bettelt. Er bittet um Geld, damit er sein Leben bestreiten kann, das er sich nicht selbst zu bauen vermag. Er bittet um Geld als Ersatz für seine Freiheit, die er nicht hat, als Ersatz für sein eigenes Leben, das ihm versagt ist. Und da kommen nun Johannes und Petrus. Wie arm sind sie angesichts dessen, worum der Mann bittet. *Gold und Silber habe ich nicht.* Aber wie reich sind sie angesichts dessen, woran er nicht denkt und wonach er nicht zu fragen wagt und was doch das Eigentliche ist: *Was ich habe, gebe ich dir im Namen Jesu des Nazoräers. Steh auf und geh!* (Apg 3, 6) Das Ungefragte, das Unerwartete, das Nichterbetene wird gegeben statt des Ersatzes. Das Eigentliche wird ihm gegeben – sein eigenes Leben. Er wird sich selbst gegeben. Von jetzt an kann er auf seinen eigenen Füßen stehen, kann seinen eigenen Weg gehen, kann hüpfen – wie die Lesung sagt –, was ein Zeichen der Freiheit ist; kann eintreten in den Tempel, was heißt: Jasagen zu dem Schöpfergott, einstimmen in das Ja der Schöpfung, Jawerden zu sich und zu seinem Schöpfer.

Gold und Silber habe ich nicht. Was ich habe, gebe ich dir im Namen Jesu des Nazoräers. Darin ist der Inhalt des priesterlichen Dienstes für alle Zeiten gültig beschrieben. *Gold und Silber habe ich nicht.* Unsere Aufgabe ist nicht die materielle Veränderung der Welt. In einer Zeit, in der wir deren materielle Not, den Hunger vieler Millionen, so tief verspüren, in einer Zeit, in der nur das Quantifizierbare zählt – das heißt das, womit man rechnen, was man berechnen und als Tatsache in die Hand nehmen kann –, fühlen wir uns unermesslich arm. Und es ist verständlich, dass immer wieder die Versuchung aufkommt, doch nicht bloß Worte zu haben, wie es scheint – Worte, die so nichtig und so wenig zu sein scheinen angesichts der eigentlichen Nöte der Welt. Es gilt die Versuchung zu bestehen, auch Priestertum umzuwandeln in Sozialdienst und politische Aktion, um endlich sozusagen etwas Handgreifliches, Wirkliches zu geben.

Aber allmählich merken wir auch, dass der Mensch nicht nur nach Brot und nach Geld hungert, sondern dass er in der Tat Hunger hat nach Wort, nach dem Wort, in dem wir ein Stück von uns selbst geben, in dem wir Liebe geben – die eigentliche Gabe, von der der Mensch lebt. Wir fangen an zu erkennen, dass wir uns versündigen, wenn wir diese eigentliche Gabe zurückhalten und schamhaft verstecken. Und wir werden inne, dass auch die Millionen der wahrhaft Hungernden dieser Welt nicht zufrieden sind und nicht gerecht behandelt werden, wenn wir ihnen nur etwas Geld für Brot hinlegen. Auch sie – und gerade sie – hungern nach mehr, hungern nach dem Wort, hungern nach der Zuwendung unserer Liebe. Und noch mehr: Unser eigenes Wort, unsere eigene Zuwendung, wie schwach ist sie! Sie kann niemals genügen. Wir haben – und das ist das Große der priesterlichen Sendung – mehr zu geben. Wir haben zu geben, wonach der Mensch nicht fragt und was er vielfach nicht kennt und was doch sein eigentliches Bedürfen ist. Und deswegen ist es uns nicht erlaubt, unsere Angebote nach der Nachfrage zu richten, weil wir damit den Menschen verengen, ihn im Ersatz einzuschläfern versuchen und ihn fernhalten von dem Eigentlichen, was ihn ihm selbst zurückgibt. Wir haben zu geben den Namen Jesu Christi. Und dieser Name Jesu Christi ist es, nach dem die Menschheit, auch wenn sie es nicht weiß, in all ihrem Aufbegehren über das Ungenügen dieser Welt hungert und fragt. Er ist die Gabe, die dem Menschen seine Freiheit geben kann: gehen auf eigenen Füßen, gehen, hüpfen, den Tempel des Herrn betreten und Lobpreis werden, ja sagen zu dem Schöpfer, der auch in all der Bedrängnis dieser Welt unser Erlöser ist und uns in sein Ja hineinnehmen will.

Den Namen Jesu Christi geben, das ist der immerwährende Inhalt des priesterlichen Dienstes. Es erschüttert mich immer wieder, wenn ich bei der Kommunionausteilung sagen kann, sagen muss: *Der Leib Christi.* Wenn wir den Menschen geben und auf die Hand legen, was unendlich mehr ist als alles, was ich selbst bin und habe. Wenn ich ihnen viel mehr geben kann, als ich je als Mensch zu geben vermöchte, wenn ich ihnen den lebendigen Gott selbst auf die Hände und in das Herz legen darf. Und es ist etwas Unerhörtes, in dem Bußsakrament sagen zu dürfen: *Ich spreche dich los.* Dich, nicht eingebunden in irgendein Kollektiv, in dem wir alle sagen: »Wir sind halt alle Sünder«, und: »Über uns alle wird sich Gott schon erbarmen«, während wir in Wirklichkeit – wie ein moderner Dichter sagt – *doch nicht aufhören können, an unserer unverdauten Vergangenheit weiterzukauen.* Nein, nicht irgendein Kollektiv, in dem ich letztlich doch nicht mit meiner Vergangenheit und Schuld und Not getroffen bin. *Ich spreche dich los.* Ein Freund hat mir erzählt von einem Priester, zu dem in russischer Kriegsgefangenschaft ein nichtkatholischer Geistlicher kam mit der Bitte um die Beichte. Und er sagte zu ihm: »Warum kommen Sie zu mir?« Und die Antwort: »Ich will nicht Zuspruch, sondern die Absolution.« Genau das ist es, den Namen Jesu geben, Ihn selbst geben und sagen: Du bist frei, deine Schuld zählt nicht mehr, die Last deiner Geschichte ist von dir genommen, du kannst stehen und kannst deinen Gang gehen und kannst zu Gott hingehen und kannst hüpfen und kannst loben. Und was ist es Unerhörtes, auch in der Stunde des Todes die Salbung zur Auferstehung geben zu dürfen, die Auferstehung als die einzige wirkliche Antwort auf den Tod zu vergegenwärtigen, so dass wir auch in dieser Stunde, in der die letzte irdische Lähmung geschieht, sagen dürfen: Steh auf! Du wirst aufstehen, und du wirst deinen Gang gehen, und du wirst die Augen deines Gottes anschauen, und du wirst loben, und niemand wird mehr deine Freiheit von dir nehmen.

Den Namen Jesu geben. Das setzt freilich voraus, dass wir selbst im Namen Jesu stehen, dass er angerufen ist über uns. Und hier wird nun das tiefste Geheimnis der Priesterweihe sichtbar, liebe Weihekandidaten! Niemand kann von sich aus im Namen Jesu sprechen. Nur Er kann uns dazu ermächtigen. *Ich lege meine Worte in deinen Mund*, hat Gott zu Jeremia am Anfang seiner Berufung gesagt (Jer 1, 9). Genau dies sagt Er in dieser Stunde zu Euch. *Ich lege meine Worte in deinen Mund.* Du wirst und darfst meine Worte sagen. Du wirst sagen: *Dies ist mein Leib! Dies ist mein Blut!* Und du wirst sagen: *Ich spreche dich los!* Mit meinem Ich? Dazu kann kein Mensch ermächtigen. Auch keine Gemeinde kann es, weil es ja nur Seine persönlichen Worte sind. Nur im Sakrament, in der sakramentalen Vollmacht, die Er selber gibt, kann es geschehen, und nur so kann diese Gabe Seines Namens gegenwärtig bleiben in dieser Welt. Ich lege *meine* Worte in deinen Mund. Das ist es auch, was uns letztlich frei macht. Wir brauchen die Kirche nicht zu erfinden. Und es hängt letztlich nicht an meiner Tüchtigkeit, meiner Frömmigkeit, meiner begrenzten Liebesfähigkeit. *Ich lege meine Worte in deinen Mund.* Und deswegen konnte Gott es hinnehmen, dass Jeremia widersprach und sagte: *Nicht doch! Ich bin noch zu jung. Ich kann nicht reden* (Jer 1, 6). Wie oft werden wir so mit dem Herrn streiten, und seine Antwort bleibt: Du bist es ja nicht. *Ich lege meine Worte in deinen Mund.* Und darum bist du frei und kannst ruhig reden, den Namen Jesu verkündigen. Dass wir in seinem Namen reden dürfen, das gibt auch jene große innere Gelassenheit, jenen Frieden und jene Freiheit, ohne die dieser Dienst nicht zu bestehen wäre. Aber das heißt natürlich nicht, dass wir wie ein gleichgültiger Lautsprecher sozusagen daneben stehen dürften. Der Sinn ist nur erfüllt, wenn wir auch selber wirklich anfangen, seine Gedanken zu denken und so in seinen Worten mitzureden.

Damit sind wir bei dem heutigen Evangelium angelangt. Dort entsprechen sich die beiden Worte Jesu an Petrus: *Liebst du mich?* Und: *Weide meine Herde!* (Joh 21, 15–17) Lieben und weiden, das ist dasselbe nach diesem wundervollen Wort des Herrn. Weiden – das heißt Seelsorger sein – geschieht durch Lieben, durch Mitlieben mit der Liebe Jesu Christi. Die Sakramente bleiben gültig auch ohne uns. Das Wort bleibt wahr, auch wenn es sich gegen uns kehrt. Und oft genug werden wir dies als Trost brauchen. Aber Seelsorger sein können wir nur, indem wir weiden, das heißt indem wir Liebende werden, indem wir mitlieben mit ihm. Und so wenden wir uns zum Herrn: Herr, du willst, dass ich in deinem Namen rede. Gib mir diesen Namen! Gib mich deinem Namen! Gib mir deinen Namen! Und ich möchte Sie, liebe Mitbrüder, bitten, dass Sie die wundervollen Worte über die Freundschaft mit Jesus, die der Heilige Vater in Fulda zu uns Priestern gesprochen hat, immer wieder nachlesen, sie wahr werden lassen in Ihrem Leben. Und ich möchte Ihnen ein Wort von Papst Leo dem Großen mitgeben, der einmal gesagt hat: *Du musst lernen, in der Heiligen Schrift das Herz Gottes zu finden, den Herzschlag Gottes zu hören.* Weiden heißt lieben. Seelsorger sein heißt: lieben mit der Liebe Jesu Christi, und es heißt: ihn lieben, von ihm geliebt werden! Denn so weidet er uns. Diese Liebe Jesu Christi ist nichts Süßliches, Billiges und Bequemes. Sie führt ja, wie das Evangelium uns sagt, dahin, dass dann gilt: *Ein anderer wird dich gürten und dich führen, wohin du nicht willst* (Joh 21, 18). Wir müssen die Freundschaft Jesu finden, den Herzschlag Gottes in der Schrift finden und erkennen. Damit wir auch dann, wenn er uns gürtet und führt, wohin wir nicht wollen, ihn immer noch erkennen als den Freund, immer noch Gottes Herz erkennen und wissen, dass er uns auch da, wo er uns hart anpackt, in die Liebe, in das Heil, in die Freiheit hineinführt.

Ich möchte an den Schluss eine kleine Geschichte stellen, die Heinrich Mann in seiner Autobiographie erzählt hat. Er berichtet, dass er eines Tages in Italien, auf staubigen Straßen, ein Stück weit mit einem Kapuzinermönch wandert. Der fragt ihn nach seinem Bekenntnis, und er antwortet, dass er weder glaube noch leugne, weil beides ihm zu hoch ist. Am Ende, als sie auseinander gehen, sagt der Mönch unvermittelt zu ihm: »Nun werde ich für Sie beten müssen.« Auch dies erscheint mir als ein Bild priesterlichen Dienstes. Wir sind gerufen, immer wieder Menschen, wie Gott es will, ein Stück weit auf den staubigen Straßen dieser Welt zu begleiten. Und wir sind gerufen, sie dann in unser Gedenken vor Gott hineinzunehmen und so ihren und unseren Weg zu einem Weg Gottes zu machen. Und es erscheint mir auch als ein Bild für das Geheimnis Jesu Christi selbst: Er geht mit uns auf den Straßen dieser Welt. Er begleitet uns. Und er sagt am Ende zu einem jeden von uns – und er sagt es in dieser Stunde besonders zu Euch, liebe Weihekandidaten: »Nun werde ich immer an dich denken.« Er denkt immer an uns. In seinem Gedenken sind wir aufgehoben. Das ist unsere große Zuversicht. Dadurch sind wir seinem Namen und ist sein Name uns gegeben. In dieser Freiheit und Freude gehen wir auch in Drangsal unseren Weg. Möge der Herr, der Euch heute so an die Hand nimmt, Euch immer diese Gnade seiner Gegenwart erkennbar werden lassen! Möge er Euch helfen, der Welt den Namen Jesu zu geben im priesterlichen Dienst alle Tage Eueres Lebens!

Predigt anlässlich der Priesterweihe
im Freisinger Mariendom am 27. 6. 1981

IRMENGARD

Schrifttext: Mt 13, 24–33

Die Gleichnisrede Jesu, von der wir eben im Evangelium ein Stück gehört haben, endet mit dem Wort: *Die Gerechten werden leuchten wie die Sterne im Reiche meines Vaters* (Mt 13, 43). Von den Menschen, die sich dem Licht Gottes geöffnet haben, geht wiederum Licht aus. Die Heiligen sind wie die Sterne über dem Horizont unserer Geschichte, von dem mitten in den Verwölkungen dieser Zeit, mitten in ihren Dunkelheiten immer wieder Licht hereinfällt in diese Welt, so dass wir etwas von der Helligkeit Gottes sehen können. Und wenn wir manchmal ob all der Wirrnisse der Geschichte an Gottes Güte zweifeln möchten, wenn uns Zweifel aufsteigen am Menschen selbst, ob er eigentlich gut sei oder nicht zuinnerst gefährlich und böse, wenn wir zweifeln auch an der Kirche mit all ihren Streitigkeiten und Armseligkeiten – dann schauen wir hin auf diese Menschen, die sich Gott geöffnet haben, auf diese Menschen, in denen Gott Gestalt gewonnen hat. Und von ihnen kommt wieder Licht zu uns. An ihnen können wir sehen, wer Gott wirklich ist; von ihnen können wir wieder Mut empfangen, Mensch zu sein. Und sie sind es auch, die das wahre Antlitz der Kirche zeigen, an denen wir sehen, was sie ist und wozu sie da ist, welche Früchte sie trotz aller Armseligkeiten ihrer Glieder trägt.

Die Gerechten werden leuchten wie die Sonne. Die selige Irmengard vom Chiemsee ist eine dieser Gestalten, die vom Licht Christi getroffen worden sind. Und so steht auch sie wie ein Stern über unserer Geschichte. Von dieser Gestalt,

57

von der wir historisch so wenig wissen – wir werden gleich darauf zu sprechen kommen –, ist doch ununterbrochen all die Jahrhunderte hindurch eine Lichtspur ausgegangen, die auch durch die vielen Finsternisse der Zeit nie zerstört worden ist. Da war, schon kaum hundert Jahre nach ihrem Tod, der Ungarnsturm, der die große christliche Kultur, die in unserer Heimat schon gewachsen war, wieder fast völlig ausgelöscht hat. Da waren die Epidemien, die Kriege, die inneren und äußeren Zerstörungen des späten Mittelalters und der frühen Neuzeit. Da war die Säkularisation, durch die das Kloster erloschen und die Insel arm und einsam geworden war. Da war die antichristliche Herrschaft, die wir in unserem Jahrhundert erlebt haben. Und dennoch, durch all diese Verfinsterungen hindurch ist diese Lichtspur immer wieder sichtbar geworden für die Menschen, hat immer wieder Helligkeit und Mut gegeben. In der Zeit der Säkularisation, als diese Kirche geschlossen war, kein Kloster mehr bestand, glaubten die Leute, nächtens hier Lichter sich bewegen zu sehen. Und sie sagten, die selige Irmengard halte Prozession. Und irgendwie haben sie in dieser Geschichte doch das Eigentliche ihres Seins mit uns ausgedeutet: dass sie in einer Prozession des Lichtes immer wieder durch diese Insel zieht und von ihr her auch in unseren Alltag, in den ganzen Chiemgau hineinleuchtet und uns zeigt, von wo das Licht kommt, wohin wir uns orientieren müssen. Was wissen wir eigentlich von ihr? Rein historisch betrachtet ganz wenig. Außer einer Buchauer Urkunde über einen Grundstückstausch sind uns nur zwei Dinge erhalten geblieben: zum einen die Fundamente der großen Klosteranlage, die sie geschaffen hat, von der der doppelgeschossige Torbau mit den Engelfresken erhalten geblieben ist; und zum anderen haben wir ihre Gebeine. Aber ich glaube, dass diese zwei Dinge, die uns geblieben sind und die wir gleichsam greifen können, uns sehr viel zu sagen haben.

Da ist zunächst der Klosterbau. Irmengard wollte einen Raum des Glaubens schaffen, einen Ort, an dem Gott gepriesen wird und so der Mensch recht werden kann. Sie wollte das, wovon der Herr im heutigen Evangelium spricht: Gottes Reich hereinlassen in diese Welt. Der eigentliche innere Leitgedanke dieses Baues, den sie geschaffen hat, ist die Bitte: *Dein Reich komme* (Mt 6, 10) – das Mühen darum, dass in dieser Welt nicht nur unser Eigenwille herrsche und unsere eigenen Interessen, die uns immer wieder gegeneinander aufbringen und daher die Welt zerstören, sondern dass Gottes Wille geschehe und dass so sich Himmel und Erde berühren und wir im Freiwerden von uns selbst auch frei werden im Miteinander auf Gott hin und von Gott her.

Und da sind diese Engelfresken in ihrer Kostbarkeit, die uns ahnen lassen, was wir mit den übrigen Bauten verloren haben. Seit frühester Zeit ist das Mönchtum in seinem Entstehen von dem Gedanken getragen gewesen, den *angelikos bios* zu finden, leben zu lernen wie die Engel. Und was macht eigentlich das Leben der Engel aus? Nun, die Idee war: Das Wesentliche am Leben der Engel ist dies, dass sie Gott zugewandt sind, dass sie im Umgang mit Gott stehen, dass sie ihn verherrlichen und so auch miteinander Harmonie und Lobpreisung bilden. Engel, so sagt uns die Überlieferung und so versucht sie sie darzustellen, fliegen und singen. Fliegen, das heißt: Sie sind leicht, weil sie sich nicht so schwer und wichtig nehmen, sie haben Höhe. Und singen besagt eigentlich das Gleiche: dass sie von innen her hell geworden sind, sich verströmende Freude, die sich einfügt in die Harmonie der Schöpfung Gottes und so Widerstrahl seiner eigenen Schönheit wird. Dazu möchten sie uns hinführen, und dies war das innere Ziel eines solchen Lebens, wie es hier versucht worden ist: Leben in der Zuwendung zu Gott – und so leicht werden, frei werden, singend werden mit der Schönheit der Schöpfung.

Selige Irmengard von Chiemsee, Gemälde
Abtei Frauenwörth

Und noch ein anderes Wort kommt einem da in den Sinn, mit dem die Liturgie der Kirche immer wieder sich auf ihr eigenstes Wesen besinnt, das Psalmwort: *Coram angelis psallam tibi, Domine* – *im Angesicht deiner Engel will ich dir lobsingen* (Ps 138, 1), das bedeutet: In der Liturgie sind wir nicht unter uns, in ihr öffnet sich etwas. Wir sind mit den Engeln Gottes versammelt vor seinem eigenen Angesicht. Wir reichen in ihren Chor hinein, und sie in den unseren. Das gibt der Liturgie ihre Größe: dass wir ins Große hinein geöffnet werden, dass wir vor ihnen und mit ihnen vor Gottes Angesicht stehen. Wenn wir das von innen erfassen, erwächst daraus Freude an der Liturgie, weil wir ihr Unersetzliches erkennen, durch das sie noch einmal etwas ganz Anderes ist als alle Feste, die wir nur uns selber machen und in denen die Welt und der Himmel doch verschlossen bleiben. Und zugleich wird aus einem solchen Wissen, dass wir vor Gottes Engeln stehen und sie mitten unter uns, mit der Freude auch die Ehrfurcht wachsen vor der Größe der Anwesenheit, in der wir sind.

Und endlich fällt uns bei diesem Bau, bei diesem Lebensstil, den die selige Irmengard auf dieser Insel zu verankern versucht hat, das Wort des heiligen Benedikt ein, das Tragende seiner Regel: *Operi dei nihil praeponatur* – *dem Dienst an Gott geht nichts vor.* Er ist das immer Allerwichtigste. Und alles andere kommt danach, so wie der Herr es gesagt hat: *Suchet zuerst das Reich Gottes, das andere wird euch dann dazugegeben* (Mt 6, 33). Das ist bei Benedikt auch eine ganz praktische Regel, denn es gibt ja natürlich oft Zweifelsfälle. Ist nicht jetzt das doch noch vordringlicher? Und er sagt: nein. Es kann nichts Vordringlicheres geben, als für Gott Zeit zu haben, als zum Dienst an ihm da zu sein. Dann findet das andere seinen richtigen Rhythmus. Für Gott Zeit zu haben, hat immer den Vorrang vor allem anderen. Und wenn wir darüber nachdenken, wie wir die Welt anschauen, müssen wir sagen, dass wir es eigentlich umgekehrt machen. Uns gilt umgekehrt: »Operi dei quaecumque res praeponatur – alles andere ist wichtiger und kommt zuerst.« Und wir denken: Zuerst müssen wir ja unsere Probleme lösen, all das Drängende und Bedrängende, das da ist. Und dann, wenn das gemacht ist, können wir vielleicht einmal auch für Gott Zeit haben. Das ist so einleuchtend, wenn man die Dringlichkeit unserer Nöte und unserer Wünsche sieht. Und es ist dennoch verkehrt; denn wir werden immer noch etwas zu tun haben, und Gott wird aus unserem Leben herausgedrängt. Wir lassen ihn in unsere Zeit nicht mehr herein. Wir haben nicht mehr Zeit für ihn, und die Zeit wird so gottleer und damit überhaupt leer. Sie dreht sich im Leeren, und wir wissen eigentlich gar nicht mehr, wozu wir da sind, was diesem Leben nun Sinn und Größe und Zusammenhalt geben soll – weil die Ordnungen auf den Kopf gestellt sind, weil wir das eigentlich Wichtige zum Unwichtigen erklären und uns selbst, die wir doch nur von Ihm her wichtig sind, an die erste Stelle setzen. *Sucht zuerst das Reich Gottes.* Gott zuerst: Das ist der Anruf, den dieses Bauwerk Irmengards, ihr Kloster und ihr Münster, in diese unsere Welt immer neu hereinstellt.

Und da ist nun das Zweite – ihre Gebeine. Irmengard ist mit 34 Jahren gestorben. Und die Gelehrten sagen uns aufgrund der Untersuchung dieser Gebeine, dass sie, wie die meisten anderen Mitglieder ihrer Verwandtschaft, an Gicht gelitten hat – schon in diesen frühen Jahren. Und wenn wir das hören, ihr frühes Sterben, die Krankheit, die schon in ihr lag, dann ahnen wir nicht nur etwas von ihrem Leben, sondern auch von der Mühsal dieses Lebens, von ihren Leiden. Dann ahnen wir, dass sie gelitten hat, vielleicht in langen, dunklen, kalten, nebeligen Wintern, im nächtlichen Chorgebet, im kalten Gemäuer, dass sie Schmerzen ertragen hat.

Und dies nicht nur im körperlichen Bereich: Sie wusste, dass ihr Bruder Karlmann zum Krieg gegen den eigenen Vater rüstete, wie wenige Generationen zuvor schon Väter und Söhne gegeneinander Krieg geführt hatten. Sie wusste, dass die alten Gleichgewichte Europas sich zu verschieben begannen, dass ein slawisches Großreich entstand, und konnte vielleicht auch schon hören, dass von Asien her ein neues Reitervolk – die Ungarn – herankam und dies Land zu zertreten drohte. Sie wusste jedenfalls um die Gefährdungen, um die Bedrohungen, die nach einer kurzen Friedenszeit erneut die Geschichte verdüsterten, die Gewalt wieder aufleben ließen. Sie hat das Schwere dieser Welt gekannt und mitgetragen. Sie war nicht nur eine Liebende, sondern auch eine Leidende, und beides gehört untrennbar zusammen; denn wir müssen sagen: Wer nicht auch das Leiden annimmt, kann nicht lieben. Denn dazu gehört immer auch ein Stück Sich-selber-Sterben, Sich-selber-nehmen-Lassen, Von-sich-frei-Werden. Und ich glaube: Das ist eine der anderen Nöte unserer Zeit, dass wir das Leiden nicht mehr wahrhaben wollen, nicht mehr bereit und willens sind, es anzunehmen, dass wir es zu betäuben oder wegzujagen versuchen, wenn es auf uns zutreten möchte. Wir wollen nur noch Machende und Handelnde, Gestaltende unseres Lebens sein. Aber wir können doch nichts daran ändern, dass unser Leben nicht nur Aktivität ist, sondern auch »Passivität«, Passion. Wir werden geboren, und wir sterben. Das Leben wird uns weggenommen. Und dazwischen gehen die Verzichte des Sterbens schon durch unser Leben hindurch. Und nur, wenn wir damit einig werden können, wenn wir das von innen erlernen können, lernen wir auch wieder richtig, einander zu lieben, weil dazu immer gehört, sich zu ertragen, den anderen anzunehmen, auch wenn es »nimmer lustig ist«, ihn anzunehmen, auch wenn es mir schwer fällt und er mir »auf die Nerven geht«. Nur dann, wenn wir mit dem Passiven unserer Existenz, mit dem Leiden, innerlich wieder einig werden, werden wir auch wieder unseres Lebens froh werden.

Das ist es, was uns heute im Evangelium gesagt wird. Es sind da drei Gleichnisse: von Saat und Ernte und vom Senfkorn, und dann noch vom Sauerteig. Und in allen dreien geht es darum, dass das Reich Gottes Hoffnung ist. Aber als Hoffnung auch Verborgenheit und daher Leiden. Wir müssen das Unkraut ertragen. Und jeder sieht leichter das Unkraut der anderen als das eigene. Und es sticht uns und ärgert uns. Wir müssen ertragen, dass die Kirche nur wie ein Senfkorn ist und dass wir der Weisung des Herrn kaum noch zu trauen wagen. Und wir müssen das dritte Gleichnis annehmen, dass das Reich Gottes Sauerteig ist, der nur still von innen wirkt und dessen Kraft wir nicht sehen können. Das gehört zum Glauben, dieses Sich-durchsäuern-Lassen vom Sauerteig des Evangeliums, durch den wir dann recht werden und durch den die Welt recht wird.

Die Gebeine der seligen Irmengard sind immer wieder erhoben worden bis herauf ins Jahr 1921, und darin zeigt sich, dass man Irmengard wieder nah an sich heranziehen wollte, dass man sie nicht einfach im Reich der Toten und in der tiefen Vergangenheit lassen, sondern bei sich haben wollte und überzeugt war, dass sie zu unserer Lebenswelt gehört, zu unserem Heute. Man hat sie verehrt in der Überzeugung, dass sie lebt und uns nahe ist. Ein erstes Zeugnis dafür ist das Bleitäfelchen, das etwa 150 Jahre nach ihrem Tod Abt Gerhard von Seeon beschriftet hat, in dem er sie schon die *virgo beata nimis – die hochselige Jungfrau* nennt. Und auf diesem Täfelchen steht auch schon das Wort: *Ora pro nobis – bitte für uns.* Die Menschen wussten, dass sie nicht einfach in den Tod hinabgesunken ist, dass man mit ihr reden kann und dass sie weiter dableibt und uns helfen kann. Es gibt bei Origenes, dem Theologen des 3. Jahrhunderts, ein schönes

Wort: *Die Nächstenliebe nimmt bei den Heiligen nicht ab, wenn sie in die andere Welt hinübergegangen sind.* Dann sind sie ja noch näher bei Gott und erst vollends gereinigt, also wird ihre Liebe größer. Die Tatsache, dass sie gleichsam in Gott hineinsinken, bedeutet nicht, dass sie von uns wegsinken und nun nicht mehr da sind, sondern sie bedeutet, dass sie hineinsinken in seine Liebe und so teilhaben an seiner Gegenwart, an seiner Fähigkeit, uns zu hören, mit uns zu sein; und dass erst recht ihre Nächstenliebe stark wird, uns zu helfen. Aus diesem Wissen heraus beten wir zu den Heiligen. Aus diesem Wissen heraus haben die Menschen zu ihr gesagt: *Ora pro nobis.* Und wir wollen heute – in diesem Wissen, dass die Heiligen da sind, dass sie, weil sie in Gott sind, bei uns sind und fähig und willig sind zur Nächstenliebe, zur Hilfe – mit neuer Demut und mit neuer Zuversicht sagen: Selige Irmengard, bitte auch für uns!

Auf dem Täfelchen von Abt Gerhard von Seeon, von dem ich eben sprach, ist in der Umschrift ein Schrifttext notiert, den wir alle sehr gut aus der Adventsliturgie kennen. Es ist das Wort des heiligen Paulus aus dem Philipperbrief, wo er zu der Gemeinde von Philippi und zu uns sagt: *Freuet euch! Noch einmal sage ich: Freut euch! Eure Güte werde den Menschen kund. Der Herr ist nahe!* (Phil 4, 4) Dieses Wort, das Abt Gerhard auf sein Täfelchen geschrieben hat, ist noch einmal wie eine Auslegung von Irmengards Leben. Sie wusste: *Der Herr ist nahe.* Und daher ist sie gut geworden. Und von da aus ist die Freude, die ansteckende Freude gekommen. Und das ist, denke ich, ihr Testament an uns, das sagt sie heute zu uns: »Der Herr ist nahe!« Und: »Seid Ihr in seiner Nähe! Werdet gut von ihm her, dann werdet Ihr auch froh von ihm her.«

Predigt im Münster der Abtei Frauenwörth im Chiemsee am 18. 7. 1993

ROSA VON LIMA

Rosa von Lima, die eigentlich Isabel hieß, erhielt ihren Namen von einer Indiofrau, die in ihrem Elternhaus arbeitete. Die einfache Frau fasste in dieser Benennung zusammen, was sie an Isabel sah und erlebte. Die Rose gilt als die Königin der Blumen und damit als Inbegriff der Schönheit von Gottes Schöpfung. Die Rose spricht nicht nur unsere Augen an, sondern mit ihrem Duft schafft sie eine neue Atmosphäre um uns. So rührt sie alle unsere Sinne an; sie entführt uns gleichsam aus der Welt des Alltags in eine bessere und höhere Welt. Sie lässt uns froh werden, weil sie uns durch das Schöne auch das Gute, für einen Augenblick wenigstens, spüren lässt.

Die namenlos gebliebene Indiofrau, die Isabel als Rosa benannte, hat damit auf die Schönheit dieses kleinen Mädchens reagiert, und gewiss nicht nur auf ihre äußere, körperliche Schönheit. So wie die Rose nicht nur schön aussieht, sondern durch ihren Duft von innen her Schönheit ausstrahlt, so muss ihr wohl dieses Mädchen erschienen sein: Durch die äußere Schönheit hindurch spürte sie das innere Schönsein. Die Indiofrau hätte bestimmt einen solchen Namen voll Zärtlichkeit und Verehrung nicht gegeben, wenn nicht etwas Warmes und Gütiges, der Duft des Guten, von diesem Kind auf sie zugekommen wäre. In der Namengebung ist Zuneigung zu spüren; und dass Rosa sich bei der Firmung, die sie aus der Hand des heiligen Toribio von Mongrovejo empfing, endgültig unter diesen Namen stellte, zeigt ihr Ja, ihre bleibende Zuneigung zu dieser Indiofrau. Die Kirche hat bei der Heiligsprechung diesen Namen als eine Art von prophetischem Zeugnis aufgegriffen und ihn in Verbindung gebracht mit einem schönen Wort des heiligen Paulus, der von sich sagt, dass Gott durch ihn den Duft der Erkenntnis Christi an allen Orten verbreite. *Denn wir sind Christi Wohlgeruch unter denen, die gerettet werden* (vgl. 2 Kor 2, 14 f). Was einst Paulus, der Völkerapostel, über sein Wirken hatte sagen dürfen, das gilt nun neu für die kleine Rose aus dem südamerikanischen Land, Isabel de Flores: Sie ist die Rose von Lima geworden, die den Duft der Erkenntnis Christi an allen Orten verbreitet. Der liebevolle Zuname, den die vergessene Frau dem kleinen Mädchen gab, ist zur Prophetie geworden, und so gehört sie, wenn auch namenlos, mit Rosa für immer zusammen, und beide miteinander drücken etwas vom Besonderen dieses Landes und seiner Sendung aus: Das Erbe Europas und der Indios zusammen ist zu einem neuen Ausdruck des Glaubens geworden; in dieser neuen Synthese liegt der Wohlgeruch der Erkenntnis, der von Rosa ausströmt.

Und ist es nicht wunderbar, dass für eine Frau, die niemals die Stadt Lima verlassen hat, derselbe Lobpreis gilt wie für den rastlos die damals bekannte Welt durchreisenden Völkerapostel? Er hat den Wohlgeruch Christi durch seine Predigt, durch seine rastlose Aktivität, durch sein Tun und Leiden an allen Orten verbreitet. Rosa von Lima hat ihn einfach durch ihr Sein verbreitet und verbreitet ihn immer noch. Ihre demütige, reine Gestalt leuchtet ohne viele Worte durch alle Jahrhunderte hindurch, ist Wohlgeruch Christi, der stärker von ihm kündet als Geschriebenes und Gedrucktes. Dabei ist sie durchaus auch eine große Lehrerin des geistlichen Lebens, deren Worte gefüllt sind von der Tiefe lebendiger Christuserfahrung im Hincinschmelzen ihres Leidens in die Gemeinschaft mit Jesus, dem Gekreuzigten. *Voll Erstaunen stand ich in dem alles vereinenden Licht der ruhevollsten Betrachtung, als ich inmitten dieser Klarheit das*

Kreuz des Erlösers aufstrahlen sah; und im Inneren dieses leuchtenden Bogens erblickte ich die heiligste Menschheit meines Herrn Jesus Christus. In diesen ihren Worten kommt der tiefste Grund ihres Wesens zum Vorschein: das Stehen im Licht Jesu Christi, das Brennendwerden von den Flammen, die von ihm ausgehen. *Feuer auf die Erde zu werfen, bin ich gekommen, und was wünschte ich mehr, als dass es schon brennte,* hat der Herr gesagt (Lk 12, 49). Rosa von Lima ließ sich von diesem Feuer entzünden, und noch immer gehen ein Leuchten und eine Wärme aus von dieser Gestalt – Leuchten und Wärme, die die dunkle und kalte Erde verwandeln.

Rosa von Lima hat in ihrem geistlichen Leben drei Schwerpunkte gesetzt, die als Programm der Kirche heute so aktuell sind wie damals. Als erstes steht da das Gebet, nicht als Aufsagen von Formeln gemeint, sondern als innere Zuwendung zum Herrn hin, als Stehen in seinem Licht, als Brennendwerden von seinem heiligen Feuer her. Die beiden anderen Schwerpunkte ergeben sich daraus ganz von selbst: Weil sie Christus, den Verachteten, den Leidenden, den für uns arm Gewordenen liebt, liebt sie die Armen alle, die seine nächsten Geschwister sind. Der Vorrang der Liebe für die Armen ist nicht eine Entdeckung unseres Jahrhunderts – höchstens eine Wiederentdeckung –, denn bei allen großen Heiligen war diese Rangordnung ganz klar. Sie ist ganz klar vor allem bei Rosa von Lima, deren Leidensmystik nicht eine Art von Selbstquälerei ist, sondern Solidarität mit allen Armen und Leidenden aus der Solidarität mit dem leidenden Christus heraus. Daraus ergibt sich ihr dritter Schwerpunkt: die Mission. Durch ihr Reden und Denken geht ein universalistischer Zug. Sie wünschte sich, frei von den Bindungen und Grenzen, die unsere Leiblichkeit mit sich bringt, durch die Straßen der ganzen Welt gehen und die Menschen zum leidenden Heiland führen zu können. Sie formuliert: *Hört mich, ihr Völker, hört, ihr Nationen. In Christi Auftrag mahne ich euch.* Nun ist sie frei von der Bindung an einen Ort; nun geht sie als Heilige durch die Straßen der ganzen Erde. Nun ruft sie uns an in der Autorität Christi, Christentum ganz, radikal, von der Mitte, von der tiefsten Gemeinschaft mit Jesus her zu leben, weil nur so und nicht anders die Welt gerettet werden kann.

Hört mich, ihr Völker. Hört, ihr Nationen. In Christi Auftrag mahne ich euch. So spricht Rosa von Lima heute zu uns. Irgendwie ist diese Frau wie eine Personifizierung der Kirche Lateinamerikas: eingetaucht in Leiden, ohne große äußere Hilfsmittel und Macht, aber von der inneren Glut der Nähe Jesu Christi erfasst. Danken wir dem Herrn, dass er uns diese Frau geschenkt hat. Danken wir ihm für den Mut des Glaubens, den er hier in Lateinamerika erweckt hat. Bitten wir ihn, dass seine Gegenwart hier immer noch mächtiger werde und dass sein Wohlgeruch von hier aus in die ganze Welt dringe.

Predigt im Santuario Santa Rosa di Lima am 19. 7. 1986

Mariä Aufnahme in den Himmel

Schrifttext: Offb 11, 19a; 12, 1–6a. 10ab

Das Fest Mariä Himmelfahrt stellt uns immer wieder das große Zeichen vor Augen, von dem wir eben in der ersten Lesung gehört haben: die Frau mit der Sonne bekleidet, das heißt vom Lichte Gottes durchdrungen, in Gott wohnend – und Gott in ihr. Mensch und Gott durchdringen und berühren sich. Himmel und Erde begegnen sich. Und der Mond zu ihren Füßen, das heißt die Vergänglichkeit, die Sterblichkeit, der Tod überwunden und das Vergängliche hinaufgehoben in das immerwährende Leben. Und sie steht im Sternbild der Erlösung, denn die zwölf Sterne deuten die neue Familie Gottes an, für die die zwölf Söhne Jakobs, die zwölf Apostel Jesu Christi stehen. Dieses Fest voller Hoffnung und Freude zeigt uns, dass Christus nicht allein zur Rechten Gottes bleiben wollte; es ist erst der eigentliche Abschluss des Osterfestes. Er, das gestorbene Weizenkorn, kommt nicht allein zurück und geht nicht allein zum Vater; er überlässt nicht einfach die Erde sich selbst. Indem er Maria hinaufnimmt, beginnt er uns, die Erde, die Welt hinaufzunehmen, so dass Gott und Welt sich durchdringen und neue Erde wird. Das ist die Wegweisung, die uns dieser Tag gibt: Der Herr bleibt nicht allein, die neue Erde hat schon begonnen, sie ist nicht nur ein Zukunftstraum; sie öffnet sich da und ist da eröffnet, wo der Mensch sich ganz Gott auftut. Die Bibel sagt es uns in diesem Bild von Frau und Sonne und Sternen, die einfache Sprache des Kirchenjahres drückt es in der Formel aus: leibliche Aufnahme Mariens in den Himmel. Und so haben wir hier drei Hauptwörter: Maria – der Mensch, an dem dies alles schon geschehen und der uns Wegzeichen der Hoffnung ist – Himmel und Leib. Die Versuche, die in den letzten 200 Jahren gemacht wurden, selbst den neuen Menschen zu schaffen, die neue Erde einzurichten, sind in einer Katastrophe ausgegangen. Wir können es nicht, aber Gott kann es, und er tut es, und er zeigt uns, wie wir ihm entgegengehen können.

Nehmen wir nun die beiden Stichworte, die die Liturgie uns liefert: Himmel und Leib, Himmel und Erde, als zusammengehörende Begriffe. Es klingt zunächst sehr altmodisch, vom Himmel zu reden. Wer tut das noch? Wer wagt es eigentlich noch? *Brüder, bleibt der Erde treu*, hatte Nietzsche gesagt, um endlich vom Himmel abzulenken und dazu einzuladen, die Erde voll auszukosten und auf nichts anderes zu warten als auf das, was sie geben kann. *Den Himmel lassen wir den Spatzen*, hat Bert Brecht dann gesagt. Und Albert Camus hat dem Wort Jesu: *Mein Reich ist nicht von dieser Welt* (Joh 18, 36), bewusst sein Programm gegenübergestellt: *Mein Reich ist von dieser Welt.* Und es ist das Programm eines ganzen Jahrhunderts. Denn danach lebt dieses Jahrhundert, leben im Stillen weitgehend auch wir. »Mein Reich ist von dieser Welt.« Wir wollen in dieser Welt unser Reich und unser Leben haben, das andere ist uns zu unsicher. Aber was kommt dabei eigentlich heraus? »Mein Reich ist von dieser Welt«, das bedeutet: Wir müssen der Zeit abverlangen, was eigentlich nur die Ewigkeit geben kann. Wir müssen aus der Zeit die Ewigkeit herausholen, und das heißt: Sie ist immer zu wenig. Wir laufen immer hinter der verlorenen Zeit nach. Wenn die Zeit alles sein soll, dann kann sie nur zu wenig sein, dann können nur Hektik, Zeitverlust, Mangel an Zeit die Folge sein. Die Zeit selbst entzieht sich uns dann, wenn wir in ihr die Ewigkeit haben wollen. Und das Gleiche ist mit der Welt, mit der Erde. Sie ist ja zu einem Schauplatz der Zerstörungen geworden. Wenn wir aus ihr alles für uns herausholen wollen, dann kann sie nur zu wenig sein, dann kann sie nur zerstört werden. Dann sind Aufgebrachtheit gegeneinander, gegen uns selbst und gegen Gott, Friedlosigkeit und Gewalt die notwendigen Folgen. Und so sollten wir vielleicht doch wieder bedenken, was diese sonnenumkleidete Frau uns zu sagen hat: auf den Himmel zuleben in der Gewissheit, dass dann auch die Erde neu wird! Auf den Himmel zuleben, das heißt sich Gott öffnen, ihn hereinlassen in dieses Leben. Zu Beginn der Neuzeit hat jemand gesagt: *Wir sollten leben, als ob es Gott nicht gäbe.* Was herauskommt, sehen wir. Wir sollten ganz umgekehrt sagen: Wir leben auf jeden Fall so, wie es ist und sein soll, wenn es ihn gibt. Wir leben im Zuhören auf sein Wort und auf seinen Willen. Wir leben unter seinen Augen. Dann wird nämlich einerseits die Verantwortung größer, aber auch das Leben leichter und menschlicher. Es wird leichter, weil all die Verluste, die Fehlschläge, das Versagen, das Unglück nicht mehr etwas so Letztes und Endgültiges sind, weil ich immer wissen darf, all das zeigt einmal seinen Sinn, es ist nicht für immer verloren; es hat seine gute Bedeutung, und die wird zum Vorschein kommen. Wenn ich so auf den Himmel zulebe, sind all diese Dinge immer noch schwer – aber nicht mehr so schwer, weil sie nur Vorletztes sind, weil ich mich nicht mehr so aufregen brauche über alles, was mir nicht gelingt, was ich nicht erreiche; weil ich weiß: Das ist gut so, Er ist gut. Und bei einem Verlust von Menschen weiß ich: Wir werden uns wiedersehen, sie sind mir nicht endgültig genommen. Und vielleicht sollten wir gerade auch dies üben: uns darauf zu freuen, einmal wieder ganz mit denen beisammen zu sein, die nur vorläufig von uns weggegangen sind und mit denen wir dann in der ganz reinen Freude, ohne alle die Verstellungen und Verstörungen dieses Lebens beisammen sein werden. Und wir sollten in allem, was wir tun, daran denken, dass es Gewicht für die Ewigkeit hat, dass

72

Maria und Engel von Egid Quirin Asam,
Abteikirche der Benediktiner in Rohr

Gott uns sieht und richtet, dass er Recht schafft und dass er gerecht ist. So entsteht Verantwortung für uns selbst, für den Nächsten, für die Erde, und es entsteht zugleich Freiheit und Zuversicht. Das Leben wird weiter und größer. Wir leben es gelassener und zugleich entschiedener in einer klaren Richtung – in der von Gottes Recht und Liebe.

Und da kommt nun der Leib hinzu. Wir meinen ja heute, mit der Materie könne Gott nichts zu schaffen haben; sie ist so, wie sie ist, sie hat ihre Gesetze. Und dann wird das Christentum zur bloßen Idee, es wird wirklichkeitslos. Aber wenn wir nachdenken, wissen wir auch, dass das alles nicht stimmt. Wir wissen: Gesundheit und Krankheit sind nicht nur physiologische und biologische Dinge; Leib und Seele greifen immer ineinander und werden voneinander bestimmt und geformt; die Seele ist eine Kraft, die unser leibliches Leben formt. Und so wissen wir auch, dass Hass und Liebe das Leben ändern und die Welt ändern und dass erst recht Seele und Leib sich ändern, wenn Gott hinausgewiesen oder aber hereingelassen wird. Maria, die Jungfrau, ist uns das Zeichen dafür, sie, die Gott nicht nur in Gedanken angebetet hat, sondern die sich ihm mit ihrem ganzen Leib zur Verfügung stellte, so dass Gott selbst Leib werden konnte. Christ sein auch dem Leibe nach, das heißt Christ sein in der Liebe zur Schöpfung und zum Schöpfer. Und wir sollten uns wieder klarmachen, dass wir die Schöpfung nicht bewahren können, wenn wir den Schöpfer nicht kennen wollen, dass wir die Erde immer missbrauchen werden, wenn wir sie nicht im Einklang mit dem gebrauchen und pflegen, der sie uns geschenkt hat. So sollen die Ehrfurcht vor dem Leib, dem eigenen und dem anderer, und die Ehrfurcht vor der ganzen Erde, die Gott uns geschenkt hat, unser Christsein prägen, es leibhaftig machen, und dann werden wir spüren, wie gerade in dieser Leibhaftigkeit sich das Neue und Größere zeigt, wie das ewige Licht Gottes durchscheint.

Mit dem Mariä-Himmelfahrts-Fest ist seit alters die Kräuterweihe verbunden. Sie beruht auf der Legende, dass beim Öffnen von Marias Grab dem leeren Grab ein Duft von Kräutern und Blumen entströmte. Das will sagen: Wo ein Mensch für Gott und mit Gott lebt, da blüht auch die Erde auf, da wird die Erde Wohlgeruch und Lobgesang, so wie sich umgekehrt der Schmutz der Seelen in der Verschmutzung der Erde, in ihrer Zerstörung widerspiegelt – wir sehen es. So sind die Kräuter für uns ein Zeichen für das Geheimnis Marias, ein Hinweis auf den Zusammenklang von Himmel und Erde. Sie sagen uns: Die Erde wird dann und da blühen, wo wir Gott in sie hereinlassen, wo wir auf Gott zugehen. In diesem Sinne wollen wir die Kräuter nach Hause tragen: dass sie uns ein Hoffnungszeichen der neuen Erde sind, der Liebe Gottes, die den neuen Himmel und die neue Erde schafft und sie blühen lässt überall da, wo Menschen in Einklang mit ihr leben.

Predigt am Fest Mariä Himmelfahrt 1993
im Hegenauerpark in Regensburg

AUGUSTINUS

Schrifttext: 1 Sam 3, 1–10

»Zeit zum Aufstehen!« heißt das Motto dieses Korbinianstages. Ihr seid heute Nacht oder heute Früh aufgestanden, um zum Grab des heiligen Korbinian zu kommen und um zur lebendigen Kirche zu kommen, die wir selber sind, die Ihr selber seid. Und wir gehen zur lebendigen Kirche, um dem Herrn zu begegnen, der der eigentliche Tag und der eigentliche Weg ist. Das letzte Stück dieses Weges kann man nicht mehr zu Fuß und erst recht nicht mit dem Auto zurücklegen, sondern nur von innen her mit dem Herzen. Und so wollen wir jetzt einen Augenblick stille werden, um dieses letzte Wegstück zu gehen, um zum Herrn hinzugehen, ihn zu hören und ihm in dieser Morgenstunde zu begegnen.

»Zeit zum Aufstehen!« Wenn wir das hören, dann denken wir zunächst an die etwas unangenehmen ersten Minuten des Morgens. Der Wecker hat uns wachgerüttelt, wir sind noch müde, wir möchten eigentlich liegen bleiben, aber es ist Zeit aufzustehen, und wir müssen dem Ruf des neuen Tages folgen. Ein witziger Mann hat einmal zu mir gesagt, dass wir immer mehr »Abendländer« werden, weil unser Leben sich immer mehr in den Abend hinein schiebt. Am Morgen sind wir eigentlich nicht da. Und in der Tat, unsere Zivilisation wird immer mehr eine Zivilisation des Abends und der Nacht. Und darin steckt doch auch ein wenig dies, dass wir in einer Zeit leben, die nicht aufstehen mag, die dahinlebt ohne die Kraft zum Aufbrechen.
»Zeit zum Aufstehen!« Da haben wir gerade in der Lesung von diesem jungen Samuel gehört, der den Ruf vernimmt:

Ich muss aufstehen. Aber erst beim vierten Mal lernt er wirklich aufzustehen, begreift er, woher dieser Ruf kommt und was dieser Ruf will. Erst beim vierten Mal merkt er, dass er nicht für irgendeinen alten Mann da ist, sondern dass ein größerer Ruf ihn in das Leben hineinfordert, dass Gott ihn ruft. Und er merkt, dass er erst richtig aufgestanden ist in dem Augenblick, in dem er sich bereitmacht, ihm zuzuhören. Und so wird er ein aufrechter Mann, der sein Land aufgerichtet hat. Das will sagen: Nicht jede Art von Aufstehen ist wirkliches Aufstehen. Um wirklich aufzustehen, müssen wir den richtigen Ruf hören, müssen wir uns ganz aufrichten. Es genügt nicht, dass wir alten oder jungen Namen nachlaufen; sondern wirklich aufgestanden zur Zukunft, zum neuen Tag hin, sind wir nur, wenn wir neu Gott selbst zuhören und mit ihm aufstehen und mit ihm in eine Zukunft hineingehen, die sich niemand vorher ausdenken kann.

»Zeit zum Aufstehen!« Als ich dieses Korbiniansthema des heurigen Jahres zum ersten Mal hörte, ist mir sofort ein Mann eingefallen, der im entscheidenden Augenblick seines Lebens diesen Ruf aus der Bibel heraus vernommen hat: »Du musst aufstehen!« Und es war die Markierung seines ganzen Lebens, und für mich persönlich ist es entscheidend geworden, dass ich selber in den Jahren meines Aufbruchs ins Leben und meiner Entscheidungen diesem Mann sehr nah begegnen durfte.

Er war Professor der Literaturwissenschaft in Tunis, dann in Rom, schließlich in Mailand. Er hatte sich in jungen Jahren eine Freundin genommen, mit der er in einer Art Ehe ohne Trauschein zusammenlebte. Sie hatten einen Sohn, den sie etwas verwöhnten. Als er schließlich in Mailand zu den bekanntesten Männern der großen Gesellschaft gehörte, fand seine Mutter, dass sich diese Verbindung für ihn nicht mehr

schicke, und er konnte – wie man meinte – dieses Mädchen auch nicht heiraten, weil sie von sehr einfacher Herkunft war, bildungsmäßig – wie man dachte – nicht zu ihm passte. So schickte er sie auf Drängen der Mutter weg. Und während sie noch nach einer richtigen Braut für ihn Ausschau hielt, nahm er sich eine andere Freundin und litt zugleich unheimlich unter der Schändlichkeit seines Verhaltens, unter der Erbärmlichkeit seines Tuns. Und er litt immer mehr auch darunter, dass er in einer leeren, hohlen Gesellschaft lebte, dass die großen Vorträge, für die er berühmt war, im Grunde nur »leeres Gewäsch« waren, so wie er selbst immer mehr entdeckte, dass dieses große gesellschaftliche Leben mit seinen Konventionen und Herkünften genauso heuchlerisch war wie sein Verhalten in der Freundschaft, von dem ich eben erzählte. All dies quälte ihn, und er hat berichtet, wie er eines Abends vor einer großen Rede, die er zu halten hatte, in den Straßen von Mailand einem Bettler begegnete, der leicht angetrunken war und seine Späße machte. Und es drang ihm ins Herz, und er sagte: *Dieser Mensch hat das alternative Leben. Mit ein paar Groschen, die er sich eben erbettelt hat, ist er frei und glücklich. Und ich mit meiner ganzen Gelehrsamkeit und mit der großen Gesellschaft! Wie elend ist dieses ganze Leben!*
Aber er hörte auch von anderen Alternativen. Er hörte davon, dass es junge Männer und Frauen gab, die aufstanden, die auf Christus hörten und ihr Leben ihm ganz zur Verfügung stellten, die Ordensgemeinschaften bildeten und wirkliche Alternativen formten. Und er hat erzählt, dass ihm das später vorkam, wie wenn Gott ihn gleichsam hinter seinem eigenen Rücken hervorgeholt hätte, dass er sich ins Gesicht schauen und sehen musste, wer er eigentlich war und wie er aussah. Und er hat gesagt: Ich war wie ein Mensch, der im Traum aufzustehen versucht, der im Traum das Aufstehen probiert und doch von der Macht des Schlafes und der

Der hl. Augustinus,
Ausschnitt aus dem Fresko von J. B. Zimmermann,
Weyarn, ehem. Stiftskirche

Müdigkeit bleischwer niedergedrückt ist. Und er hörte von einem Kollegen, der auch Professor der Literatur gewesen war, aber in einem atheistischen Staat, in dem Christen von Professuren grundsätzlich ausgeschlossen wurden. Darauf hatte sich dieser Mann dramatisch offen als Christ bekannt, weil er lieber die Professur als seine Ehre und seine Seele und seinen Gott verlieren wollte. All dies arbeitete in ihm. Er war zerrissen in sich selbst, voller Verachtung für das Leben, das er führte, und doch unfähig, es hinzuwerfen und ein anderer zu sein. In dieser großen inneren Bedrängnis ging er in seinem Garten in Mailand umher – zerrissen, halb ringend mit dem Entschluss aufzustehen und doch auch nicht wieder fähig dazu. Er hat erzählt, wie er im Geist dann seine Freundinnen herantreten sah, die ihm sagten: »Du kannst doch nicht!« Und wie er sein Leben mit all seinen gesellschaftlichen Schönheiten und Vergnügungen auf ihn zutreten sah, und es sagte zu ihm: »Du kannst doch nicht ohne all dieses leben!« Und in dieser verzweifelten Wut über sich selbst, in der er stand, schlug er schließlich die Bibel auf und wollte es darauf ankommen lassen, welche Stelle er finden würde. Und er fand die Sätze: *Die Stunde ist gekommen, aufzustehen vom Schlaf. Denn jetzt ist das Heil uns näher als zu der Zeit, als wir gläubig wurden. Die Nacht ist vorgerückt, der Tag ist nahe. Darum lasst uns ablegen die Werke der Finsternis und anlegen die Waffen des Lichts! Lasst uns ehrenhaft leben als wie am Tag, ohne maßloses Essen und Trinken, ohne Unzucht und Ausschweifung, ohne Streit und Eifersucht. Legt den Herrn Jesus an und sorgt nicht so für eueren Leib, dass die Begierden erwachen* (Röm 13, 11–14). Und er sagte: *Weiter las ich nicht. Weiter brauchte ich nicht zu lesen, denn nun wusste ich, was ich zu tun hatte. Ich musste aufstehen zu Jesus Christus hin.* Und er ließ sich taufen und begann das neue, das alternative Leben mit Christus, wie er es in dieser Stelle gehört hatte.

Der Mann hieß – ihr werdet es schon gemerkt haben – Augustinus. Sein Leben liegt 1500 Jahre zurück, und trotzdem kann man ihm in seinen Schriften so persönlich und nah begegnen, wie wenn er neben einem stünde, weil er unser Leben gelebt hat.

»Zeit aufzustehen!« Das ist der Ruf, der heute an uns ergeht und der genauso wie damals – und doch immer neu – uns sagt, wie man wirklich aufstehen kann: indem wir aufstehen mit Jesus Christus, indem wir ablegen die Werke der Finsternis und indem wir sein Leben, das neue, das kommende Leben jetzt mit ihm leben. Dann stehen wir wirklich auf. Die Selbstbestimmung kann uns nicht eine Gesellschaft oder irgendjemand anders geben, wenn wir nicht selbst uns selbst bestimmen. Und die Freiheit kann uns niemand geben, wenn wir nicht selbst uns für sie entscheiden. Und die Welt kann nicht menschlich werden, wenn wir nicht menschlich sind und sie menschlich machen. Und so sollten wir in dieser Stunde – genau wie jener Mann damals – die Stimme des Apostels hören: »Die Nacht ist vorgerückt. Es ist Zeit aufzustehen. Legt als das Gewand des Tages Christus an und legt ab die Werke der Finsternis: Unzucht, maßloses Essen und Trinken, Ausschweifung, Streit, Eifersucht! Lebt, wie er lebt! Dann seid ihr Menschen des Tages und Menschen, die aufgestanden sind!«

Zufällig ist mir vorgestern dieser Text gleichfalls in den Sinn gekommen. Ich hatte Gelegenheit, zusammen mit den drei anderen deutschen Kardinälen sehr ausführlich mit dem Heiligen Vater zu sprechen. Und ich habe ihm erzählt, dass ich heute mit der Jugend unseres Bistums zusammensein werde, dass Tausende kommen und viele zu Fuß hierher pilgern. Und er war begeistert davon und hat gesagt: »Sagen Sie diesen jungen Menschen meinen ganz persönlichen Gruß und meinen Segen.« Das möchte ich hiermit tun. Aber ich muss hinzufügen: Es war auch sehr wichtig, dass ich ihm dies sagen konnte, denn ich musste eine Scharte auswetzen, die entstanden war. Der Papst hatte nämlich vorher selbst mit dem Thema Jugend begonnen und gesagt: »Ich spüre überall, dass die Jugend aufsteht, dass ein neuer Aufbruch da ist – dass nicht nur in Polen den jungen Menschen die Phrasen der materialistischen Philosophie zum Hals heraushängen, sondern auch im Westen, dass sie neu nach Christus, nach dem Glauben, nach dem wirklichen Leben suchen und sich anschicken, wieder neu mit Christus aufzubrechen, in ein neues Leben hinein.« Und er hat gesagt: »Ich glaube, dass es überall auch im Zeichen dieses Aufbruchs einen neuen Aufbruch zu den geistlichen Berufen hin gibt.« Und er fragte uns, wie das bei uns, in Deutschland, steht. Kardinal Höffner konnte ihm dann voller Stolz sagen: »Wir haben in diesem Jahr dreißig Priesterweihen gehabt. Und 58 junge Männer sind ins Priesterseminar neu eingetreten.« Ich war froh, dass die Erzbischöfe von Paderborn und Freiburg nicht da waren, wo gleichfalls um die fünfzig junge Männer ins Priesterseminar eingetreten sind. Und auch vom Bischof von Mainz wurden wir natürlich weit ausgestochen. Ich konnte dann nur sagen: »Bei uns sind es erst zwanzig.« Und es hat mich gar nicht getröstet, dass der Kardinal von Berlin dazu sagte : »Für München ist das ja schon viel.« Nun, wir Bayern denken manchmal etwas länger nach, aber das heißt nicht, dass wir am Schluss sitzen bleiben; denn wir stehen dann auf, wenn es uns getroffen hat.

Und ich glaube, wir können sagen: Jetzt ist die Stunde, dass auch wir aufstehen und dass wir zeigen, dass wir den Ruf hören – und dass wir unseren Weg nehmen. Ich meine, das sollte der große Anruf des heutigen Korbinianstages sein: dass auch wir zum Tag ja sagen, dass wir aufstehen, aufbrechen, dem Herrn entgegen; dass wir seinen Ruf neu annehmen und dass es junge Menschen gibt, die zum Priestertum und zum Ordensberuf ja sagen; dass es junge Menschen gibt, die mitten in dieser Welt von heute, mit ihren Konventionen, neu leben, so wie Christus gelebt hat. Darum wollen wir in dieser Stunde den Herrn bitten: dass er uns den Anstoß gibt; dass er uns hilft, zu ihm zu sagen: »Ja, ich stehe auf!«

Predigt am »Korbiniansfest der Jugend«
im Freisinger Mariendom am 11. 11. 1979

WOLFGANG

Schrifttext: Joh 10, 11–16

Wir sind mit dieser festlichen Eucharistie auf dem Höhepunkt unseres Wolfgangsjahres angelangt, und so ist es wohl sinnvoll zu fragen: Was soll es bedeuten? Warum feiern wir eigentlich ein Jahr lang einen Menschen, der vor 1000 Jahren gestorben ist? Was soll es bewirken, was soll davon bleiben?

Ich denke, bleiben sollen vor allen Dingen Dankbarkeit und Freude. Wenn ein guter Mensch neu in unser Leben hereintritt, freuen wir uns, weil unser Leben reicher, größer und weiter geworden ist. Sankt Wolfgang ist ein guter Mensch – einer, durch den die Güte Gottes selbst uns anschaut und uns damit wieder Mut zum Leben, Freude an Gott und an der Welt schenken kann. Die Heilige Schrift sagt, der Teufel sei der Ankläger, der Verleumder Gottes und des Menschen, der mit hämischer Freude danach sucht, überall das Schändliche, Niederträchtige und Gemeine aufzudecken und zu sagen: es ist eben alles doch nichts, und der uns so die Freude an Gott und an uns selber nimmt. Und die Heilige Schrift fügt hinzu, dass Christus und der Heilige Geist die Anwälte Gottes und des Menschen, unsere Verteidiger, sind. Und wenn sie sagt, Christus und der Heilige Geist, dann meint sie Christus und alle seine Heiligen, in denen Gottes Geist atmet und lebt. Heute ist es Mode zu hinterfragen, zu demaskieren, zu verdächtigen, überall das Schmutzige aufzudecken. All die Sünden der Kirche werden uns täglich an den Kopf geschlagen, und einige Stichwörter wie Galilei, Hexenprozess, Inquisition kennen wir auswendig bis zum Überdruss.

Wenn man die Dinge aus der Nähe ansieht, stellen sie sich viel differenzierter dar; aber sehen wir davon ab. Wahr ist natürlich, dass es in der ganzen Geschichte der Kirche und in ihrer Gegenwart Sünder und Sünde, auch schreckliche Sünde, gegeben hat und gibt. Denn Christus hat ja die Kirche nicht für irgendwelche Sondergeschöpfe gemacht, und sie besteht nicht aus den Engeln, sondern er baut sie mit uns, damit wir durch sein Wort berührt, damit wir besser werden. Und wenn wir von den Sünden der Kirche etwas wissen wollen, brauchen wir gar nicht weit in der Kirchengeschichte herumzugraben; dann brauchen wir nur uns selbst anzusehen und wissen es. Das Erstaunliche ist doch nicht, dass es in der Kirche, die wir sind, Sünden gibt. Das Erstaunliche ist, dass trotz allem die Jahrhunderte hindurch in ihr Gottes Wort gegenwärtig geblieben ist und die Sakramente immer wieder sie selbst in ihrer unverbrauchten Neuheit und Frische sind. Das Erstaunliche ist, dass aus dieser Kraft von Gottes Wort trotz unserer menschlichen Blockierungen immer wieder Erneuerung der Kirche und der Welt hervorgegangen ist, dass in allen Generationen Heilige gewachsen sind. Auch heute gibt es sie, und wenn wir die Augen nicht nur für den Verdacht, sondern auch für das Gute auftun, können wir sie rund um uns finden. Und ein Heiliger wie Wolfgang ist einfach dazu da, uns zu sagen: »Mach doch die Augen auf und sieh, dass trotz unseres Versagens Gott da ist und Menschen erneuert, heilig und gut und liebenswert macht!«

Heute ist das Wort vom finsteren Mittelalter ein gebräuchliches Schimpfwort. Ich frage mich, ob Leute, die es jederzeit im Mund führen, eigentlich je einen Dom wie diesen gesehen haben, der aus dem Mittelalter stammt. Und wenn wir hineingehen und die Gestalten ansehen, die Gesichter eines heiligen Petrus, der Muttergottes, des Verkündigungsengels, dann sehen wir nicht nur, wie hier Stein mit Geist berührt wurde, sondern in den Gesichtern spiegeln sich Gesichter von damals und spiegelt sich die verwandelnde Kraft von Gottes Güte, die in der Kirche in allen Zeiten wirkt. Und deswegen brauchen wir uns nicht zu schämen, dass wir Christen sind – ganz im Gegenteil, wir dürfen stolz darauf sein, dass wir in diese Gemeinschaft hineingerufen sind, in der Gott immer wieder den Lehm mit Geist behaucht und immer wieder in die Armseligkeit des Menschlichen hinein sein Licht senkt.

Dazu ist dieses Wolfgangsjahr da, dass wir unseres Christseins wieder froh werden, dass wir sehen: Es ist schön, ja es ist eine Gnade, ein Christ sein zu dürfen, und die Welt könnte nicht weiterbestehen, wenn dieses Licht ihr fehlen würde. So wird Dankbarkeit zur Wegweisung. Wolfgang zeigt uns – wie die Heiligen alle –, in welche Richtung wir gehen müssen, damit unser Leben richtig wird. Die Zeit, in der er lebte, wird von den Historikern als »saeculum obscurum« bezeichnet, als das dunkle Jahrhundert. In Italien war nach der Völkerwanderung Anarchie zurückgeblieben, das Land war von inneren und äußeren Verwüstungen gezeichnet, und so drohte das Papsttum ein Spielball des römischen Adels zu werden und damit eine Karikatur dessen, was Christus mit ihm gewollt hatte. Und weil von Rom keine Kraft der Einheit mehr ausging, drohte auch in Deutschland die Kirche zu einer Funktion des Reiches zu werden, eingefügt in die politischen Mechanismen; die Bischöfe wurden Reichsfürsten, und so mussten wiederum das Neue, das Christus gebracht hat, das Demütige des priesterlichen Hirten, der ohne Macht nur von Ihm her dient, verdeckt werden durch menschliche Maßstäbe. So schien das Dunkel fast unüberwindlich zu sein, und wir stehen wieder vor der Situation, die eigentlich in jedem Jahrhundert auftritt: Die Kirche scheint endgültig gescheitert zu sein und zu versanden im Menschlichen – und Gott lässt sie doch nicht aus der Hand.

Damals ist dann zwischen Frankreich und Deutschland, in Lothringen und Burgund, in den beiden großen Benediktinerabteien Gorze und Cluny eine Erneuerungsbewegung entstanden, die bald auf die Herzlande der Christenheit – Deutschland, Frankreich, Italien – übergegriffen und die Kirche zu neuem Leben gebracht hat. Sankt Wolfgang – das ist seine geschichtliche Größe – war eine der herausragenden Gestalten dieser Reform. Worauf beruhte sie? Auf der Regel des heiligen Benedikt, der in der Völkerwanderung, in dieser großen Flut, gleichsam eine Arche zum Überleben gebaut hat, eine Arche, die dann Kraftwerk der Erneuerung geworden ist. Was Benedikt getan hat, war sehr einfach: Er hat das Evangelium übersetzt in eine Lebensregel, die zeigt, wie man Tag um Tag richtig leben kann. Mit dieser Regel hat Sankt Wolfgang gelernt, ein Christ zu sein, dem Evangelium Fleisch und Blut zu geben.

Was ist das Wichtigste daraus? Ich denke, man kann es in zwei Worten Benedikts zusammenfassen: *Nihil amori Christi praeponere – nichts der Liebe Christi vorziehen.* Und: *conversatio morum*, das heißt: *ein neuer Lebensstil.* Nicht die Karriere suchen, nicht den Erfolg, nicht die Macht, nicht das Geld, nicht nach dem Wohlwollen der Großen schielen, sondern ein Herz haben für die Kleinen, täglich in Gerechtigkeit und Güte leben. Die Überlieferung fasst diese Haltungen zusammen in dem Stichwort: »Armut, Keuschheit, Gehorsam« – das heißt Freiheit von sich selbst, Lauterkeit des Herzens, Unbestechlichkeit. *Conversatio morum* – neuer Lebensstil –, dieses Wort Benedikts hat heute eine brennende Aktualität erlangt, wo ganze Länder durch die Korruption verwüstet werden, wo Staaten durch die Maßlosigkeit der Ansprüche unregierbar werden. Wir alle wollen – so wie Adam – Gott gleich sein, das heißt: haben, was uns gefällt, tun können, was wir möchten. Aber damit werden wir nicht Gottes Bild, sondern Götzenbilder. Der wirkliche Gott sieht anders aus. In Christus sehen wir ihn, und nur Christus konnte der Welt den neuen Menschen geben, den uns die Ideologien vergeblich versprochen haben. Nur von ihm her konnte jene Lauterkeit des Herzens wachsen, die aus seinem Leben in unsere Welt hereinleuchtet. Zu diesem neuen Lebensstil lädt der heilige Wolfgang uns ein, zu innerer Zucht und Überwindung, aus der Gerechtigkeit und Güte und Redlichkeit hervorkommen.

Aber Wolfgang ist kein Moralist. Er hält uns nicht einfach nur Forderungen vor; er zeigt uns, wie es geht. Er zeigt uns die Kraft, von der her es möglich wird, nichts der Liebe Christi vorzuziehen – *nihil amori Christi praeponere*. Von Ihm her kommt uns die Kraft zu, und nur wenn Christus wieder groß in unser Leben hereintritt und damit der wirkliche, der lebendige Gott, nur dann kann auch unser Leben und mit ihm die Welt wieder recht werden. Von ihm her kann der neue Mensch kommen, können wir selbst es werden. Er ist die Kraft der Erneuerung, auf die wir hinschauen. *Ich kenne die Meinen, und die Meinen kennen mich* – sagt das Evangelium (Joh 10, 14). Weil Wolfgang Christus kannte, darum konnte er auch als Reichsbischof in jener Zeit ein Hirte nach dem Maße Jesu Christi sein. Darum bitten wir, dass uns dieses Licht neu geschenkt werde.

Am Schluss des Evangeliums, das wir eben hörten, steht dann noch einmal ein Wort, das einen tiefen Widerhall in Wolfgangs Leben gefunden hat: *Ich habe noch andere Schafe, die nicht aus diesem Hof sind, auch sie muss ich führen, ... damit ein Hirt und eine Herde werde* (Joh 20, 16). Jesus hat damit über seine jüdischen Zuhörer hinaus auf die weite Welt der Heiden und in die Zukunft geblickt. Zum Glauben

88

Wolfgangsfigur, um 1480,
aus der Leinberger Schule,
St. Emmeram, Regensburg

gehört immer, dass er Grenzen überschreitet. Zum Glauben gehört, dass wir uns nicht in unseren kleinen Hof einhausen, sondern dass wir uns öffnen und zu den anderen gehen. Der heilige Wolfgang hat, indem er auf Böhmen verzichtete und die Gründung des Bistums Prag ermöglichte, nicht eine Grenze geschaffen, sondern durch solche Freiheit für den anderen Grenzen geöffnet; denn nicht Macht und Machterhalt, sondern Anerkennung des anderen, das Ja zu ihm, Geschwisterlichkeit aus dem Glauben heraus und Verzicht auf das Eigene, das gründet Freundschaft und öffnet Grenzen. Und als Erzieher der heiligen Gisela, der Gattin des ersten christlichen Königs von Ungarn, hat er wiederum Grenzen geöffnet, und so ist er einer der Architekten Europas, eine maßgebende Gestalt für uns, denn Europa kann eine positive Wirklichkeit in der Welt nur sein, wenn seine Größe nicht auf Wirtschaftsmacht oder auf militärischer Macht, sondern auf sittlicher Kraft und auf Glaube beruht.

Glauben also heißt immer mit-glauben: ins Offene und Große der ganzen Kirche mit allen anderen hinein-glauben. Jede Ortskirche kann nur wahrhaft Kirche sein, indem sie im großen Ganzen des Katholischen steht. Das Beil, das Attribut des heiligen Wolfgang, ist in seinem Leben nicht Waffe, sondern Ausdruck des Bauens am gemeinsamen Haus der Kirche. Wahrscheinlich ist es – historisch gesehen – aus einem Missverständnis des Petrusschlüssels des Regensburger Wappens entstanden, und so weist es auch auf Petrus hin, auf die Gemeinschaft mit seinem Nachfolger, die uns das freudige und öffnende und große Stehen in der Gemeinschaft der Heiligen, in der großen Familie Jesu Christi verbürgt.

Wir wollen an diesem Tag dem Herrn danken für das Licht, das von dem heiligen Wolfgang ausgeht. Wir wollen ihn bitten für die Hirten, denen in dieser Stunde aufgetragen ist, für die Kirche Gottes einzustehen. Wir wollen ihn bitten, dass er uns selbst schenkt, von diesem Licht berührt zu werden und Träger seines Lichtes in unserer Zeit zu sein.

Predigt zum tausendjährigen Wolfgangsjubiläum
im Regensburger Dom am 3. 7. 1994

Rupert Mayer

Schrifttext: Mt 10, 34–40

Wahrheit gehört nicht zu den großen moralischen Leitworten unserer Zeit, als Tugend wird sie heute kaum genannt. Das Drama der sozialen Unterschiede ist so gewaltig geworden, dass es alles andere zum Schweigen bringt. Solidarität, Gerechtigkeit für alle, Befreiung, Freiheit, Emanzipation, Selbstverwirklichung, das sind die großen moralischen Stichworte dieser Stunde, und Wahrheit scheint dabei eher hinderlich zu sein. Für die mühsame, langwierige Frage nach der Wahrheit gebe es ja, so wird uns gesagt, in dieser Dramatik keine Zeit, mit ihr habe man sich vor den drängenden Fragen vorbeigedrückt und das elitäre Spiel Weniger gespielt. Und überdies scheint Wahrheit der Liebe entgegengesetzt zu sein, denn im Namen der Wahrheit hätten die Menschen aufeinander eingeschlagen, während die Liebe doch versöhnen und vereinigen sollte.

Die Gestalt unseres neuen Münchener Seligen spricht eine andere Sprache. Mit der Seligsprechung tritt Pater Rupert neu als ein heute Lebender wieder unter uns und spricht uns an. Vielleicht könnte es gerade seine Sendung in dieser Stunde werden, Zeuge der Wahrheit bei uns zu sein. Dabei geht es nicht darum, wieder und wieder vergangene Menschen und Dinge abzuurteilen. Das Erinnern ist notwendig – aber das Verurteilen des Vergangenen kann auch sehr leicht zu einer Art von Unschuldsritual entarten, indem wir uns selbst als die Besseren ins Licht rücken und uns so von der notwendigen Gewissenserforschung und Buße dieser Stunde dispensieren. Wenn wir in das Leben von Pater Rupert hineinschauen, dann geschieht es, weil er ein heute Lebender ist, damit wir in diesem Spiegel erkennen, wie es um uns steht, und damit wir uns von seinem Zeugnis her richten und reinigen lassen.

Aber was ist es nun mit der Wahrheit? Wo finden wir sie eigentlich? Was bedeutet sie? Ich beginne mit einer ganz einfachen Beobachtung aus dem Leben von Pater Rupert Mayer. Er hatte Hitler schon im Jahre 1919 als Diskussionsredner in einer kommunistischen Versammlung kennengelernt. In dieser frühen Stunde, als keiner Hitler kannte, konnte es ja noch aussehen, als ob er trotz einiger Ärgerlichkeiten doch ein Verbündeter im Kampf gegen die marxistische Versuchung werden könnte. Er selbst hat diese Karte ja ausgespielt. 1923 hat er Pater Rupert Mayer zu dessen 25-jährigem Priesterjubiläum ein Glückwunschtelegramm gesandt, denn ein patriotischer Priester – mit großem Verdienst um das Vaterland, mit großem Ansehen in der Stadt –, der auf seine Seite getreten wäre, hätte ihm wichtig und hilfreich sein können, um die Zögernden und vor allen Dingen die katholischen Männer zu gewinnen. Wir wissen, wie schwer es den deutschen Intellektuellen gefallen ist – ob es nun Schriftsteller, Gelehrte, Politiker, Theologen gewesen sind –, Hitler zu durchschauen und das Eigentliche zu begreifen, das hier im Spiele war, und wir wollen auch nicht zu leicht darüber urteilen. Pater Rupert Mayer, der kein Intellektueller gewesen ist, sondern ein einfacher Seelsorger, hat die Maske des Antichrist sogleich erfasst, und zwar an etwas, woran wir vielleicht vorübergehen würden. Seine erste Beobachtung ist die: *Hitler übertreibt maßlos, und er schreckt auch vor Lügen nicht zurück.* Wer die Wahrheit nicht achtet, kann das Gute nicht bauen. Und wo die Wahrheit nicht in Ehren steht, können Freiheit, Gerechtigkeit und Liebe nicht wachsen. Die Wahrheit, und zwar die einfache, demütige, geduldige Wahrheit des täglichen Lebens ist die Grundlage aller anderen Tugenden. Es geht hier noch gar nicht um die große Wahrheit über Gott und die Welt und den Menschen, sondern um die kleine Wahrheit des Alltags, aber beide sind untrennbar miteinander verknotet. Und wer die kleine Wahrheit leichthin zu zertreten bereit ist, der kann nicht als Bürge der großen Wahrheit dastehen.

Und nun wenden wir das in die Gegenwart. Wie steht es mit uns? Ich muss sagen, es erschreckt mich tief, wenn ich immer wieder bei Nachrichten über Dinge, wo ich die Möglichkeit habe, zu kontrollieren, was gesagt wird und was geschehen ist, ebenso leichtfertige wie auch böswillige Lügen finde und sehe, wie offenbar die Wahrheit nicht das Entscheidende ist, sondern der Effekt, den man mit einer Behauptung erzielen kann. Aber gehen wir noch näher an uns selbst heran. Urteilen wir nicht über die anderen, sondern lassen wir diesen Zeugen der Wahrheit zur Gewissenserforschung für uns selber werden. Wie ist es eigentlich bei jedem von uns, Tag um Tag, rede ich immer die Wahrheit? Habe ich den Mut, zu ihr zu stehen, auch wo sie unbequem ist, wo sie mir den Frieden nimmt, wo sie Ärger einbringt? Denn dies steht ja fest: Wahrheit ist oft beschämend, Wahrheit ist unangenehm und kann eine Menge Unannehmlichkeiten mit sich bringen. Wahrheit steht dem Nutzen so oft im Wege, und man kann sie so leicht zertreten. So wenig scheint dabei zu geschehen und so viel dabei gewonnen zu werden! Aber wenn es geschieht: Wer kann eigentlich dem anderen noch trauen? Wo Wahrheit nicht ist, löst sich der soziale Boden auf, auf dem wir stehen, und so ist diese scheinbar so unnütze Tugend in Wahrheit die Grundtugend allen sozialen Lebens.

Gehen wir einen Schritt weiter. Pater Rupert Mayer hat sehr bald gesehen, dass Hitlers Bereitschaft zum Lügen nicht eine zufällige Nebenerscheinung seiner politischen Karriere gewesen ist, sondern dass sie aus Weltanschauung, aus Ideologie, aus einem Prinzip heraus gekommen ist, und dieses Prinzip lautete: »Gut ist, was dem Volke dient.« Das Gute hat hier zugunsten des Nützlichen abgedankt. Die Wahrheit ist in den Nutzen hinein aufgesogen, er wird zum einzigen Maßstab. Die Nützlichkeit rechtfertigt alles. Und wenn man dann dazu das Volk nimmt, um das Ganze scheinbar aus der Sphäre des Egoismus heraus in eine höhere moralische Ebene zu erheben, dann ist dies schon die erste Lüge, die aus dem Prinzip folgt und von ihm gedeckt wird.

Aber damit sind wir schon mitten in der Gegenwart, denn diese Lüge, mit dem Volk anderes zu verdecken, ist auch heute höchst geläufig, ob man von »Volksbewegungen«, von »Kirche des Volkes« oder von vielen anderen Stichworten spricht, die Sie kennen und die ich nicht aufzuzählen brauche. Geht es nicht wie damals darum, dass man mit Volk sich selber, die eigene Gruppe, die eigene Partei meint und damit die eigenen Zwecke rechtfertigt und sich von der Wahrheit dispensiert? Und das geschieht ja dann auch ganz ausdrücklich, wenn gesagt wird: »Was wollen wir mit dieser Orthodoxie der Kirche, die doch gar nichts einbringt und die pure Theorie ist! Nicht darum geht es, sondern um Orthopraxie; nicht das rechte Denken, sondern das rechte Tun allein ist entscheidend.« Aber woher will ich eigentlich wissen, dass ein Tun recht ist, wenn ich keine Erkenntnis des Rechten habe? Und so reicht eine derartige Einstellung, die Wahrheit und Gutes im Nutzen aufsaugt, bis in die weithin gültige moralische Grundfigur der westlichen Welt hinein, wo uns selbst von Theologen gesagt wird: »Das Gute, das gibt es gar nicht, und wenn es existieren sollte, sind unsere Augen zu schwach, um es zu erkennen. Nein, wir können nur abwägen, was im jeweiligen Augenblick das weniger Schlimme ist. Wir können nicht das Gute, sondern nur das nicht ganz so Schlimme wählen.« Und im Namen eines solch menschenfreundlichen Prinzips geschieht es dann, dass man wehrlose, ungeborene Menschen tötet, dass man zur Sterbehilfe greift, dass man mit Menschen experimentiert um vermeintlich großer Gewinne für die Menschheit von morgen willen, die in ihrer Größe und Menschlichkeit so etwas ja rechtfertigen können muss.

Und wieder lautet die Frage an uns selbst: Wie steht es mit mir? Ist nicht auch für mich der Nutzen immer wieder der letzte Maßstab? Aber von wo will ich eigentlich wissen, was nützlich ist? Und sollte es nicht sein können, dass der wahre Nutzen des Menschen darin besteht, Gott zu erkennen und damit sich selbst zu finden?

Und da kommt nun in den Beobachtungen von Pater Rupert Mayer ein weiterer Schritt dazu. Was ihn an dieser werdenden Bewegung des Weiteren abstößt, sind, wie er sagt: *die maßlose Selbstverherrlichung Hitlers und der Personenkult, den er um sich aufbauen lässt.* Oder drücken wir es mit einem biblischen Wort aus: das *Reden im eigenen Namen*. Unser Herr Jesus Christus hat uns dies als einen der sichersten Maßstäbe für den Antichrist hingestellt. *Mich*, so sagt er, *nehmen sie nicht an, der ich im Namen des anderen spreche, der mich gesandt hat. Wenn aber der kommt, der im eigenen Namen spricht, den werden sie annehmen* (vgl. Joh 5, 43). Und so ist es in der Geschichte immer wieder geschehen. Dabei kann der, der im eigenen Namen spricht, sich selbst zum Maßstab erhebt, sich zum Retter und zum Heil der Welt oder eines Landes erklärt, nur ein Lügner sein, weil keiner aus sich dies vermag.

In diesem Zusammenhang ist ein Wort sehr wichtig, eine Erklärung, die Pater Rupert Mayer 1937 vor dem Volksgerichtshof in seinem Prozess abgegeben hat. Da sagte er: *Wenn ich zu erkennen gäbe, dass ich mit einer »Deutschen Kirche« liebäugle, dann wäre ich der Held des Tages; weil*

*ich nun grundkatholisch bin, darum stehe ich vor dem Rich-
ter.* Weil ich nun grundkatholisch bin. Hier greifen die kleine Wahrheit des Alltags und die große Wahrheit seines Lebens untrennbar ineinander. Man hätte – ich sagte es schon –
einen patriotischen Priester sehr gut brauchen können, eine
Deutsche Kirche, ein Deutsches Christentum, das den eigenen Zwecken noch religiösen Glanz und religiöse Verklärung geboten hätte. Aber was man nicht gebrauchen konnte,
war das unerbittliche Zeugnis einer größeren Wahrheit. Und
an dieser Stelle hat Pater Rupert Mayer ohne Wanken standgehalten. Er war ein Patriot, aber sein Patriotismus bedeutete, dieses Land für das Gute und für die Wahrheit zu wollen
und nicht aus dem Nutzen des Landes eine Waffe gegen die
Wahrheit zu machen. Und so kann er auch uns heute lehren,
was rechter Patriotismus in dieser Stunde sein kann: eine
Liebe zum Land, die unter dem Maß der Wahrheit und des
Guten steht.

*Weil ich nun grundkatholisch bin, deswegen stehe ich vor
dem Richter.* Pater Rupert Mayer war kein Politiker. Er
wollte nicht von der Kanzel Politik treiben und er hat mit
Nachdruck betont: *In politischer Hinsicht bin ich ein unbe-
schriebenes Blatt. Ich bin nur Seelsorger.* Und so wie er auf-
recht und gerade gewesen ist, hatte dies nichts von Ausrede
an sich, sondern war das reine Zeugnis dessen, was er war
und wollte und wirkte. *Ich bin kein Politiker.* Er trieb keine
politische Theologie, überhaupt keine Art von Theologie. Er
wollte, wie er gesagt hat, nur den Menschen die einfachen
Grundwahrheiten des katholischen Glaubens vorlegen. Er
wusste sich nicht berufen, Strukturen zu ändern und politisch das vielleicht Mögliche in Gang zu setzen. Er wollte
Priester sein, die Seelen von innen her erhellen und so von
innen her das Maß des Guten und die Kraft des Guten aufrichten. Er hat das Eigene der Politik respektiert. Aber gerade darum auch konnte er mit allem Mut und aller Freiheit

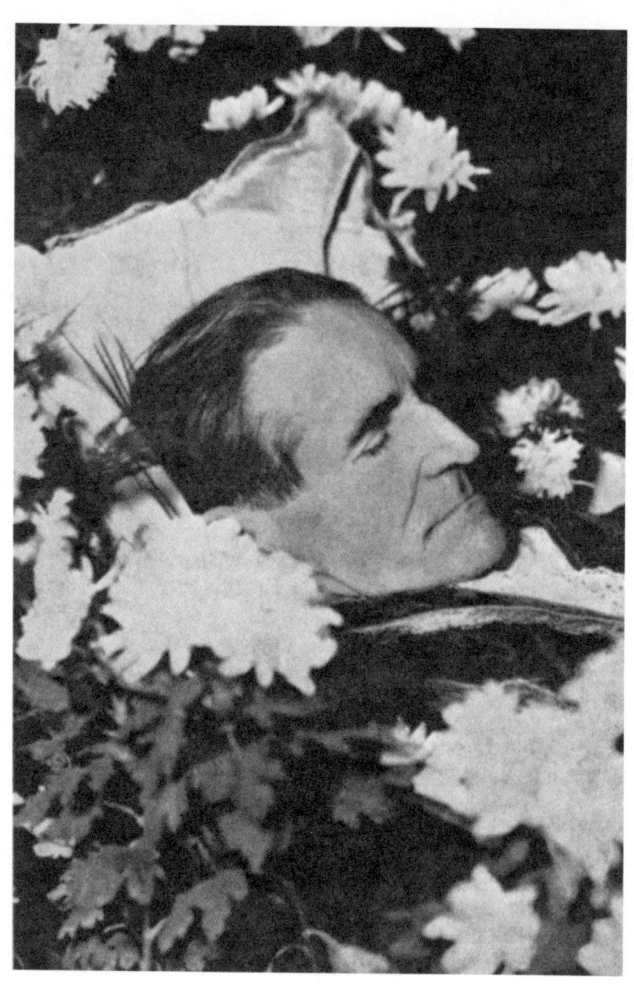

Pater Rupert Mayer SJ (Aufbahrung, 1945)

das Eigene des Priesterlichen hinstellen, die Freiheit des Gotteswortes, das öffentlich ist und das keine Bindungen kennt, das gesagt werden muss, auch wenn es den Menschen und den Obrigkeiten widerspricht, denn *man muss Gott mehr gehorchen als den Menschen* (Apg 5, 29). Aus solcher Freiheit und aus solcher Entschiedenheit heraus hat er gesprochen und damit wirklich den Menschen, dem Lande gedient und uns eine bleibende Lehre hinterlassen.

Weil ich nun grundkatholisch bin. Wer von uns hätte eigentlich den Mut, dies heute zu sagen? Und so spricht uns gerade an diesem Punkt Pater Rupert Mayer hier und heute an. Hören wir auf damit, mit dem Schlagwort von einer deutschen Kirche zu spielen, die es besser weiß! Hören wir auf damit, eine Kirche selber erdenken zu wollen, selbst basteln zu wollen, *unsere* Kirche, aus der wir das Leidige und Unerfreuliche wegnehmen und die dann endlich die menschliche Kirche sein sollte! Hören wir auf, mit dem antirömischen Affekt zu spielen und mit denen zu flirten, deren Beifall wir dabei empfangen! Wagen wir es, wieder grundkatholisch zu sein, dann werden wir auch wahrhaft ökumenisch sein, weil wir dann nicht im eigenen Namen reden, sondern uns dem unterstellen, der größer ist als wir alle, der die Wahrheit ist, die allein zusammenführt. Und so ist Er es, der uns zusammenführt und dem wir uns in die Hände zu geben haben!

Schließlich ist da eine letzte Beobachtung. Was Pater Rupert Mayer wiederum von Anfang an erschütterte, war der Hass, den er hier gespürt hat. Er sagte: *Mich erschreckt die ungeheure Hetze gegen die Juden, der Hass gegen die Gegner im Ersten Weltkrieg, der Hass gegen die anderen Parteien.* Und mit dieser Hetze, dem Hass gegen die Juden war verbunden das Nein zum Alten Testament und die Anmaßung, ein vom Alten Testament gereinigtes, neues, besseres, arisches Christentum herzustellen. Aber es war ganz klar, dass derjenige, der hasst, weder im Namen des Alten noch des Neuen Testamentes spricht, dass sich nicht Christ nennen darf, wer den Hass propagiert, denn dagegen gilt das Wort Jesu Christi: *Gesetz und Propheten fassen sich zusammen in dem einen Gebot: Liebe Gott, deinen Herrn, aus ganzer Seele, aus ganzem Gemüte, aus ganzer Kraft und liebe deinen Nächsten so wie dich selbst* (vgl. Mt 22, 37–40). Er hat standgehalten bei der lebendigen Kirche und nicht das Trugbild einer selbst zu machenden besseren Kirche angenommen. Nur in solchem Standhalten bei dem, was nicht von uns kommt, sondern was die vom Herrn geschenkte, die Zeiten hindurch wandernde lebendige Kirche ist, sind wir auf der rechten Spur. Der Hass war ihm das Zeichen der Unwahrheit, und weil er bei der Wahrheit des Glaubens stehen blieb, deswegen ist er ein Liebender gewesen. Wir hier in München wissen es alle, in welchem Maß er ein Liebender war, wie sehr er sich verbraucht, ausgegeben hat in der Liebe für die Menschen, ohne zu fragen. Wir wissen es, wie dieser Zeuge der Wahrheit der große Zeuge der Liebe gewesen ist und in all dem Trost, in all der Gnade, in all der Erhörung, die von seinem Grabe ausgeht, noch immer Zeuge der Liebe bleibt. Die Liebe ist das Siegel, der Beweis für die Wahrheit dessen, was er geglaubt hat, und die Wahrheit ist der Quell der Liebe, die er gelebt hat.

Da ist schon ein anderer Aspekt miteingeschlossen. Pater Rupert Mayer erzählt, dass er in dieser frühen Zeit der zwanziger Jahre, in der er von Versammlung zu Versammlung ging – weil er es als seine große priesterliche Pflicht wusste, die Menschen aufzuklären und ihnen in der Wirrnis der Zeiten, den Weg der Wahrheit zu zeigen –, dass er da oft zögernd außen vor den Wahllokalen stehen blieb und sich fragte: *Muss ich denn nun wirklich hineingehen? Jetzt, wo ich nicht drinnen bin, jubeln sie und sind im Frieden. Wenn ich hineingehen werde, wird es losgehen: »Du Saupfaff!«, und der Friede wird zu Ende sein. Aber dann habe ich gedacht und gewusst: Ungefähr ein Drittel sind dort, die sich noch nicht festgelegt haben, die noch suchen – und ihretwegen muss ich dies auf mich nehmen und hineingehen und mein Wort sagen.* Er ist nicht in die Versammlung gegangen, weil er etwa von politischer Leidenschaft oder von Geltungsdrang getrieben gewesen wäre; er ist nicht hineingegangen, weil er etwa eine politische Karriere hätte machen wollen. Er hat gelitten unter der Nötigung der Wahrheit. Er wusste, dass er sich dem Ruf der Wahrheit zueignen musste, dass sie seine Verpflichtung war. Er wusste, dass Wahrheit nicht bequem ist und dass wir das Unbequeme der Wahrheit auf uns nehmen müssen, denn das Christentum ist nun einmal nicht der Zuckerguss auf dieser Welt, sondern das Salz der Erde. Er wusste, dass Wahrheit Schwert ist – *Ich bin nicht gekommen, den Frieden, sondern das Schwert zu bringen* (Mt 10, 34) – und dass die falsche Einigkeit der Unwahrheit kein wirklicher Friede ist, dass sie aufgerissen werden muss, damit das Licht der Wahrheit und des Guten und so eine Tür für den wirklichen Frieden erscheine. Wahrheit ist unbequem, Wahrheit ist immer mit Leiden verknüpft. Denn beides gilt: Zur Lüge gehört der Hass, und zum Hass gehört die Gewalt; zur Wahrheit aber gehört die Liebe, und zur Liebe gehört die Bereitschaft des Leidens. Es ist kein Zufall, es »musste« so sein – wie der Herr uns sagt (vgl. Mk 8, 31) –, dass das Christentum nicht mit einem Rebellen, sondern mit einem Martyrer beginnt. Die großen Liebenden sind die Zeugen der Wahrheit und die großen Leidenden gewesen, die das Leiden der Wahrheit nicht scheuten und so zu den Lichtern der Geschichte geworden sind. So ist Pater Rupert Mayer auch für uns heute ein groß aufgestelltes Licht, das uns angeht.

Pater Rupert Mayer – Zeuge der Wahrheit. Wie oft hat er von dieser Kanzel aus gepredigt, und um ihretwillen ist er ins Gefängnis und ins Konzentrationslager gegangen. Welche Gnade ist das für unsere Stadt, welcher Ruhm ist es, aber auch welche Verantwortung und welche Verpflichtung! Danken wir dem Herrn, dass er uns das große Licht Pater Rupert Mayer, den Zeugen der Wahrheit und der Liebe, geschenkt hat, und bitten wir ihn, dass wir uns in dieser Stunde seiner nicht unwürdig erweisen.

Predigt im Rahmen einer Festwoche zur Seligsprechung von Pater Rupert Mayer in St. Michael in München am 20. 5. 1987

LEONHARD

Die Leonhardifahrt zu Tölz gehört zu den schönen Bräu-
chen unserer bayerischen Heimat, über deren Lebendig-
bleiben im Auf und Ab der Zeiten wir froh und dankbar
sind. Aber wir wissen auch: Da gibt es kritische Fragen. Es
wird gefragt: Ist der Brauch eigentlich noch lebendig geblieben? Lebt er noch von innen her, oder ist er nicht vielleicht
doch zu einem Zur-Schau-Stellen der Vergangenheit, zu etwas Musealem, nicht mehr Wahrhaften, geworden? Und es
gibt andere, die noch schärfer und härter fragen und sagen:
War es nicht vielleicht von Anfang an schon weitgehend
Freude an der Schaustellung, die gewirkt hat im Zeigen dessen, was man hat und ist und kann – war es nicht die Lust
am Feiern, die ihre Anlässe findet?

Nun, da wäre zunächst zu sagen: Wer recht feiern kann und
mag, der muss im Einverständnis mit sich selbst und der
Welt sein, der muss das innere Ja zur Schöpfung in sich und
anderen vollziehen, das letzten Endes nicht ohne das Ja zum
Schöpfer Bestand haben kann. Und gewiss hat hier – wahrscheinlich sehr früh – die Freude am Zeigen, am Schauen
mitgewirkt. Aber auch dies kann, wenn es recht geschieht,
weiterführen. Es kann uns helfen, wirklich aus der Hast des
Alltags herausschauen und sehen zu lernen. Und wer richtig
schauen lernt, wer sich die Augen auftun lässt, der wird
dankbar werden. Und rechtes Danken ist immer ein Lob.
Wer die Augen aufmacht, der wird von selbst erkennen, dass
das allermeiste dessen, woran wir hier uns freuen, nicht von
uns selbst gemacht werden kann. Die Schönheit unserer
Heimat kann man nicht machen. Und dass wir hier in Frieden und Freiheit leben, so dass wir froh sein können – auch

Hl. Leonhard, Bad Tölz-Kalvarienberg

das können wir allein nicht bewirken. Ein Freund hat mir kürzlich nach einer Reise in einem Ostblockland gesagt, was ihn am meisten erschütterte, war dies: zu sehen, dass die Kinder nicht lachen können, dass schon auf den Gesichtern der Kinder jene gleiche verschlossene Freudlosigkeit liegt, die die Erwachsenen zeigen. Dass wir feiern können, ist ein Geschenk, und so sollte gerade dies der Sinn eines solchen Tages sein: die Augen aufzumachen und dankbar zu werden.

Wer dankt, der erkennt, dass wir das allermeiste nicht selbst machen können; er begreift auch, dass wir es auch nicht allein erhalten können, dass wir es aus Gottes Händen immer neu empfangen müssen. Und dies ist der tiefste Sinn des Leonhardisegens, dass wir die uns anvertraute Kreatur, die Schöpfung, die Heimat und uns selbst, in die Hände Gottes hineingeben. Heute sagen wir: »Die Landwirtschaft braucht keine Flurprozession und keinen Wettersegen, keinen heiligen Leonhard mehr, weil wir ja die Wettervorhersage und den Kunstdünger und die Tierärzte usw. haben.« Und dies stimmt natürlich in gewisser Hinsicht. Aber wenn auch die Dinge so wachsen können – der Mensch verkümmert und zerfällt, wenn er nur noch das Machbare und das Berechenbare hat. Und wo der Mensch zerfällt, da ändert sich auch die Welt.

In der Zeit, als der heilige Leonhard lebte, im 6. Jahrhundert, war Deutschland ein Entwicklungsland. Das Wenige, was es an Straßen, an Gehöften gab, kam fast ausschließlich von den Römern. Da ihr Reich zerbrochen war, fing dies auch wieder an zu zerfallen, und die Gefahr war nun groß, dass das Land wieder zurückfallen würde in eine Gesellschaft von Sammlern und Jägern, mit dichten Wäldern und ewigen Stammesfehden. Die Entwicklungshilfe, die Europa gebaut hat, die die Kultur geschaffen hat, in der wir hier leben und die inzwischen die Welt bestimmt, diese Entwicklungshilfe kam von den Mönchen, deren einer Sankt Leonhard war, der so stellvertretend steht für die Gründer und für die Gründe unserer Kultur. Sie unterschied sich von heutiger Entwicklungshilfe dadurch, dass sie nicht nur Technik vermittelte, sondern der Seele Sinn gab. Das Motto der Benediktiner und der Mönche hieß: *Ora et labora – Bete und arbeite!* bewusst in dieser Reihenfolge; denn nur wo beides ist, wo Können vermittelt und Sinn gegeben wird, kann sich Aufbau vollziehen. Wir sehen ja das Gegenteilige jetzt an den schrecklichen Ereignissen in Persien, wo Technik vermittelt wurde, Geld zusammenkam, aber kein Sinn gegeben und die alte Sinngebung untergraben wurde. Wir sehen, dass ein Land auf solche Weise nicht bestehen kann. Aufgebaut wurde hier in Europa, weil Leib und Seele, weil Können und Erfüllung des Herzens und des Geistes gegeben worden sind. Im benediktinischen Alltag war dies beides fast ein Gleichklang: Vier bis fünf Stunden Gottesdienst, fünf bis sechs Stunden Arbeit – siebenmal am Tag läutete die Glocke zum Beten. Und dies war ein Rhythmus der Freiheit. Denn im Gebet waren alle frei für den Herrn. Und auch in anderer Weise waren sie frei, weil auch die Handarbeit in solcher Ordnung ihre Würde und ihre Größe empfing. Wo der Mensch die Werte der Seele verliert, wo die Türme nicht mehr auf das Ewige verweisen, wo Gott nicht mehr in sein Leben hereinreicht, geht eine Zeit lang noch alles so weiter, als wäre nichts geschehen. Aber von innen her verdorren die Wurzeln, und auf die Dauer kann solches Leben nicht bestehen.

So ruft uns der heilige Leonhard als einer von denen, die der Gemeinschaft der Gründer des Abendlandes zugehören, in dieser Stunde an. Er ruft uns zurück zu den Wurzeln, zu dem, was uns trägt. Auch unser Bayernland ist nicht so gänzlich unverwüstlich, wie wir es uns manchmal einbilden möchten. Es kann seine Seele nur bewahren, wenn wir selbst die Werte wahrhaft leben und vollziehen, die es gegründet haben, die es schön gemacht haben. Dies also ist der Anruf des heutigen Tages: dass wir uns nicht auf das Geld und die Technik allein verlassen; dass wir Gott in unseren Alltag hereinholen; dass wir das lebendig erhalten, was die eigentlich tragende Kraft, die Quelle ist, die das Ganze speist. In diesem Sinn wollen wir von diesem heutigen Tag uns fordern lassen und hinausgehen im Wissen, dass ohne Sonntag, ohne Eucharistie, ohne Gott die Welt nicht bleibt, was sie ist. In diesem Sinn wollen wir rufen: Heiliger Leonhard, bitte für uns!

Predigt bei der Tölzer Leonhardifahrt am 6. 11. 1978

ELISABETH

In der Christenheit ist es seit ältesten Zeiten Brauch, die Kirchen, die Gotteshäuser, wie einen Menschen mit Namen zu belegen, so dass sie uns gleichsam mit einem menschlichen Gesicht entgegentreten und uns so einladen zum Herrn. Ursprünglich hing dies damit zusammen, dass die Christen in der Zeit der Verfolgung weder Recht noch Mittel hatten, Gotteshäuser zu bauen, und ihren Gottesdienst daher nur halten konnten, wenn irgendjemand ihnen einen Raum dafür zur Verfügung geben konnte. Und so sagte man: Wir gehen zum Gottesdienst zu Cäcilia, zu Chrysogonos, zu Anastasia. Menschen waren es, die der Kirche ihren Lebensraum eröffneten, die ihr die Tür auftaten, damit sie Volk Gottes werden und mit dem Herrn zusammen das österliche Geheimnis der Eucharistie feiern konnte. Später wurden aus solchen Räumen dann Kirchenbauten, und sie trugen noch immer die Namen derer, die zuerst dort der Kirche die Tür aufgetan hatten und die nun zu Patronen wurden, zu lebendigen Einladungen über die Zeiten hin. Und dieser Brauch ist dann geblieben.

Nun sind es gleichsam die Heiligen, die mit ihrem Namen uns zum Herrn hin einladen, uns den Raum öffnen durch ihr Leben, damit wir ihn finden können. So will die heilige Elisabeth in diesem Stadtteil gleichsam den Raum auftun, die Türe öffnen, Hinweis sein, Weg zum Herrn. Sie haben in diesem Festjahr sicher vieles über sie gehört und bedacht. Und dennoch meine ich, dass es sinnvoll ist, sie als eine adventliche Gestalt in dieser Stunde noch einmal anzuschauen – als eine, die mit dem Licht in der Hand, in ihrem ganzen Leben, dem Herrn entgegengeht und uns voranleuchtet. Zwei Dinge gehen an ihr den modernen Menschen ganz unmittelbar an.

Das eine: dass sie ein Mensch der Nächstenliebe, der sozialen Tat gewesen ist. Dabei hat sie nicht einfach aus erhabener Höhe heraus ab und zu – oder auch oft – Almosen gespendet. Sie hat sich nicht nur manchmal, wie etwa die »Herrscherdamen« des Ersten Weltkriegs, in das Lazarett oder zu einer Armenspeisung begeben, sondern sie hat wirklich selbst mit den Armen mitgelebt. Sie hat die einfachsten Dinge der Krankenpflege selbst getan: die Kranken gereinigt, ihnen gerade in den niedrigsten Diensten geholfen, sie neu gekleidet, für sie Gewänder gewoben, mit ihnen mitgelebt, ihr Schicksal geteilt und am Ende selbst nur noch von ihrer Hände Arbeit gelebt. Sie wollte eine der ihren werden, und sie wollte nicht bloß in einer bösen Welt da und dort Gutes tun, sondern eine bessere Ordnung der Gerechtigkeit aufbauen. Deswegen hat sie abgelehnt, am Tisch ihres Gatten von den Dingen zu essen, die eigentlich den Bauern gehört hätten und die ihnen mit Gewalt weggenommen worden waren. Deswegen hat sie überhaupt nicht einfach ausgeteilt, sondern den Menschen Werkzeuge beschafft, damit sie selbst eine Existenz aufbauen konnten. Sie hat ihnen geholfen, sich selbst helfen zu können und so auf eigenen Füßen zu stehen; sie hat wirklich versucht, Gleichheit, Gerechtigkeit unter den Menschen zu gründen.

Das Zweite, was uns an ihr heute einleuchtet, ist, dass sie so ganz menschlich gewesen ist, gar nicht, wie wir uns manchmal die Heiligen vorstellen – verkrampft und fern –, sondern sehr direkt. Leidenschaftlich hat sie das Tanzen, das Reiten geliebt. Ihren Mann hat sie von ganzem Herzen geliebt und – entgegen den Maßen der Zeit – die Zärtlichkeit zu ihm nicht gescheut. Wir wissen, wie tief es sie erschüttert hat, als sie die Nachricht von seinem Tod empfing. Sie lief durch die Säle der Wartburg und sagte dann: *Tot ist er, dann ist die Welt mir tot.* Und sie hat solche Menschlichkeit wiederum im Umgang mit allen gezeigt. Zu ihren Dienstmädchen sagte sie: *Redet mich nicht mit ‚Durchlaucht' an, sondern sagt ‚Du' und sagt einfach ‚Elisabeth' zu mir.* Mit alledem, mit dieser einfachen Menschlichkeit, mit der sie die Standesunterschiede wegschob, mit der sie Mensch unter Menschen war, und mit dieser Dienstbereitschaft, mit der sie auch Not und Armut auf sich nahm, um den anderen dienen zu können, ist sie weit aus den Maßen ihres Jahrhunderts herausgetreten – ja wenn wir ehrlich sind, nicht nur aus den Maßen ihres Jahrhunderts, sondern aus den Maßen jedes Jahrhunderts. Denn alle Jahrhunderte leben in ihren Vorurteilen; nur erkennt man die der früheren Zeiten leichter als die der eigenen. Elisabeth hat das wahre Menschsein gefunden.

Und dies ist nun die Frage, die bei einer solchen Gestalt entsteht: Wie konnte sie entgegen allem Brauch der Zeit und gegen alles, was sie als Gewohnheit und Selbstverständlichkeit umgab, so wahr, so richtig Mensch sein? Wie hat sie das Menschsein so verstehen, so leben, so erlernen können? Die Antwort wird deutlich, wenn wir erfahren, dass sie als Kind mitten im Spiel schon aussetzte und sagte: *Jetzt will ich eine Pause machen, die Jesus gilt, und für ihn da sein.* Dass sie im Tanz aussetzte und sagte: *Die nächste Runde nicht – sie gehört Ihm.* Dass sie nächtens sich von der Nähe des geliebten Mannes trennte, sich auf den Boden legte und sagte: *Jetzt will ich für Ihn da sein und an seiner Armut teilhaben.* Gott war für sie Wirklichkeit. Sie hat ihn als Wirklichkeit genommen und ihm darum Zeit in ihrem Leben eingeräumt, sich ihn und seine Nähe etwas kosten lassen. Und weil sie Gott wirklich entdeckt hat, weil Jesus Christus ihr nicht eine ferne Gestalt, sondern der Herr und Bruder ihres Lebens geworden war, darum hat sie von Gott her den Menschen, das Abbild Gottes entdeckt, und darum Gottes Gerechtigkeit und Gottes Liebe unter die Menschen tragen

Tod der hl. Elisabeth, Relief vom Sarkophag des Mausoleums,
Elisabeth-Kirche, Marburg/Lahn

wollen und können. Nur wer Gott findet, kann auch wahrhaft menschlich werden.

Nun steht da eine Frage auf, denn wir möchten wohl sagen:
Schön wäre es, Gott so wirklich zu nehmen wie die Dinge,
die wir in unserem Leben greifen können; Gott so nah zu
erkennen, dass er unser Leben durchdringt. Aber wie kann
man eigentlich Gott so finden, wie kann man so wach werden für ihn, so bereit für ihn, dass man ihn erkennt und seinen Anruf mitten im Alltag annimmt? Ich glaube, zwei
Antworten sind mit dem, was wir eben bedachten, schon gegeben.
Eine erste Antwort ist die: Wer Gott erkennen will, muss
bereit sein, für ihn Zeit zu haben. Man muss bereit sein, ihn
sich etwas kosten zu lassen. Gott drängt sich uns nicht auf.
Er läuft uns nicht nach. Er ruft unsere Freiheit. Und nur,
wenn wir selbst ja sagen, wenn wir auch für ihn uns einüben
und bereiten, wenn wir seine Nähe uns etwas kosten lassen,

wenn er Zeit und Kraft unseres Lebens erhält, dann kann der Weg sich öffnen. Wenn wir leben als solche, die ihn anerkennen und als Wirklichkeit nehmen, und auch so verfahren, dann wird er uns Wirklichkeit, dann erfahren wir ihn. Und das Zweite: Elisabeth hat gelebt wie jemand, der Gott in den Menschen sieht. Sie hat sich selbst, den angeborenen Egoismus überwunden und um die Gerechtigkeit und Liebe für die Menschen gekämpft. Und da gibt es nun einen gegenseitigen Einfluss: Wer von Gott her auf die Menschen zugeht und Liebe zu schenken sich müht, der wird auch wieder tiefer zu Gott hingeführt, der erkennt ihn wahrhaft. Und umgekehrt: Wer für Gott Zeit hat, dem wird es leichter, auch den Menschen zu dienen und sie zu lieben. Beides trägt und bedingt einander, greift ineinander.

Und noch zwei Beobachtungen möchte ich hinzufügen. Die erste schließt an eine kleine Begebenheit an, die aus Elisabeths Leben überliefert ist. Zeugen berichten, dass eine adelige Dame mit ihrem Sohn, der ein reichlich liederliches Leben führte und auch physisch ziemlich herabgekommen war, zu ihr kam in der Meinung, dass sie ihn sozusagen gesundbeten könne. Aber Elisabeth hält nichts von solchen Praktiken. Sie spricht diesen jungen Mann sehr scharf an und fragt ihn, was er sich eigentlich denke, wenn er ein so lästerliches Leben führe. Auch hier geht es ihr um Hilfe zur Selbsthilfe: nicht einfach etwas von außen aufstülpen, sondern ihn er selbst werden zu lassen. Er antwortet nur, indem er sagt, sie solle doch für ihn beten. Und ihre Antwort wiederum lautet: *Zuerst musst du selbst beten lernen, dann will ich auch mit dir beten.* Und sie fängt sofort an damit. Er muss sich mit ihr hinknien, mit ihr beten. Und die Gebete einer Heiligen sind groß; Elisabeth vergisst Raum und Zeit darin. Und alsbald begann der verdutzte junge Mann, der solches nicht gewöhnt war, nach dem Amen zu schreien. Aber da gab es keine Schonung. Er musste in diesem Gebet bleiben. Und die Zeugen erzählen ganz lustig, dass er allmählich direkt ins Schwitzen kam und geradezu dampfte, so mühsam wurde es für ihn. Und nach langer Zeit kam dann endlich das Amen. Und da sei er dann schon halb gesund gewesen, sagen sie.

Ich glaube, das ist eine Geschichte, die uns sehr viel zu sagen hat. Wir empfehlen uns dem Gebet der Heiligen, aber Elisabeth verlangt von uns, dass wir uns mit ihr hinknien und mit ihr Mitbetende werden, dass wir uns mit ihr in das Gebet hineinnehmen lassen. Und ich glaube, es ist gerade der Ruf einer solchen Elisabethkirche, dass sie uns so ins Gebet nehmen will in diesem doppelten Sinn: dass sie betet für uns, aber dass wir mit eintreten in den Rhythmus des Betens. Nur wenn wir auch einmal die Schwelle der Bequemlichkeit überschreiten, nicht nur dann beten und Liturgie feiern, wenn es uns gefällt und solange es uns etwas gibt und wir spüren, dass es schön ist, sondern auch dann, wenn wir sozusagen zu schwitzen anfangen und auf das Amen warten. Nur wenn wir solche Mühsal auf uns nehmen, von Elisabeth ins Gebet genommen zu werden, dann können wir selbst Betende und von innen her gesund werden. So geht von diesem Kirchenraum der Ruf aus, hier immer wieder mit ihr ins Gebet zu gehen und es von hier aus in unsere Häuser zu tragen, dass sie nicht gottleere Räume werden. Ich glaube, dass dies für eine Familie, für jeden Einzelnen, für das Bestehen des Alltags grundlegend ist für unser inwendiges Gesundwerden: dass kein Tag ohne Gebet sei, dass am Morgen Gott Zutritt hat in unser Leben und dass wir nicht weggehen vom Tag, ohne noch einmal Zeit gehabt zu haben für Gott. Dann erkennen wir ihn, dann erfahren wir ihn und dann werden wir auch fähig, einander gut zu sein.

Und das Letzte noch. Papst Gregor IX. hat Elisabeth, da er wusste, wie sie sich rastlos für den Dienst an den Menschen verzehrte, einmal einen Brief geschrieben, in dem er ihr sagte, sie solle sich ruhig auch einmal Zeit lassen, auf den Herrn, auf die Heilige Schrift zu hören. Sie solle wie Maria zu Bethanien, sich einfach zu Füßen des Herrn niederlassen, ihn anhören. Und der Brief schließt mit den Worten: *Geh nicht weg von den Füßen des Herrn, bis du nicht den warmen Südwind seines Erbarmens im Garten deiner Sinne spürst.* Dies ist die bildhafte Sprache des Mittelalters. Papst Gregor will sagen: »Bleib ruhig bei ihm. Höre ihn. Höre auf das Wort der Schrift, bis die Wärme seines Erbarmens dich durchdringt und dich ruhig, gelassen und froh macht.« Elisabeth hat diesen Brief des Papstes sehr ernst genommen und sich tief versenkt in die Heilige Schrift. Sie war wirklich jemand, der Jesus kannte, der immer wieder eindrang in sein Wort und es so immer tiefer verstehen lernte.

Wiederum berichten die Zeugen vom Tage ihres Todes, sie sei sehr gelassen, ja fröhlich gewesen, da sie den Bräutigam erwartete. Und sie habe den Tag über erzählt von dem Schönsten, was sie sich aus Predigten gemerkt habe, und immer wieder aus dem Reichtum der Heiligen Schrift und aus der Geschichte Jesu. Als sie sah, wie die Menschen um sie herum weinten, erzählte sie ihnen von den drei Anlässen, da Jesus geweint hat: am Grab des Freundes in Bethanien, im Angesicht der Stadt Jerusalem, die er so liebte und die sich seinem Ruf versagte, und in der letzten Einsamkeit des Kreuzes. Elisabeth trocknet die Tränen der Menschen, indem sie sie gleichsam in die Trauer Jesu hineinlegt, darin birgt und darin reinigt. Dann wurde es allmählich Mitternacht, und nun kam eine besondere Heiterkeit über sie. Sie bat die Umstehenden, jetzt ganz still zu sein, und fuhr fort: *Wir müssen nun von Christus, dem Heiland, und von dem Christuskind sprechen, denn Mitternacht ist nahe, die Stunde, da das Jesuskind geboren wurde und in einer Krippe lag.* Mitten im Angesicht des Todes ist die Zeit ihr hell von dem Geheimnis des kommenden Jesus Christus. Man sieht daran, wie wirklich es ihr war. Sie bittet, still zu sein, weil gleichsam die Stunde des Kindes da ist. Die Nacht ist ihr nicht dunkel und die Nacht des Todes nicht schrecklich, sondern hell von dem Licht des Kindes, das in der Mitte der Nacht zu uns gekommen, uns entgegengegangen ist. Sie sieht dieses Licht Gottes, das ihr das Dunkel der Erde hell macht. Ihre letzten Worte lauteten: *Und dann erschuf Er einen ganz neuen Stern, wie man ihn noch nie zuvor gesehen hatte.* Die Stunde des Sterbens wurde ihr die Stunde der Helligkeit Gottes, die Stunde des Advents, die adventliche Stunde, in der sie bereit dem Herrn entgegenging. In der Stunde ihres Todes spricht sie von dem Stern, der die Weisen zu Christus geführt hatte. Und in dieses Wort hinein, in diesen Glauben hinein ist sie gestorben. Sterben war ihr gleichsam das Aufgehen in das Licht Jesu Christi. Sie hätte in dieser Stunde vom Stern nicht sprechen, ihn nicht sehen können, wenn sie nicht ihr ganzes Leben lang, wie die Weisen aus dem Morgenland, diesen Stern geschaut hätte und ihm nachgegangen wäre.

Dann erschuf Er einen neuen Stern, wie man ihn noch nie vorher gesehen hatte. Nun ist Elisabeth selbst zu einem solchen Stern geworden, der uns auf Christus, den Quell des Lichtes, hinführt. Und diese Kirche möchte gleichsam immer wieder diesen neuen Stern vor unser aller Seelen, vor Sie, hinstellen, damit der Stern Wegweiser werde zu dem Quell des Lichtes, das unsere Nacht erhellt, damit er uns zu adventlichen Menschen mache, die von der Freude des gekommenen Herrn erfüllt sind und die von ihm her den Weg gehen.

Predigt in München-St. Elisabeth am 2. 12. 1981

KORBINIAN

Wer war eigentlich dieser Mann Korbinian, über dessen Grab unser herrlicher Freisinger Mariendom steht und zu dessen Fest jedes Jahr Tausende von Menschen nach Freising pilgern? Er hat in einer eher dunkel zu nennenden Periode der europäischen Geschichte, im 8. Jahrhundert, gelebt. Das Römische Reich war zerbrochen, neue Staatsbildungen hatten noch keine Stabilität finden können. Der ganze Kontinent lag in einem gärenden Zustand unterschiedlicher Herrschaften; eher also in einer anarchischen Situation. Und trotzdem können wir beim Hinblicken auf diese Gestalt zugleich auch etwas von der Größe dieser Zeit erkennen.

Korbinian war im heutigen Frankreich geboren worden. Seine Mutter war Gallierin, das heißt, sie gehörte der alten, inzwischen stark romanisierten Bevölkerung dieses Landes an. Sein Vater war Franke, also von dem Volk derer, die inzwischen eingedrungen waren, die die Herrschaft an sich gerissen hatten und langsam mit der alten Bevölkerung verschmolzen. So spiegelt sich schon in dieser Herkunft das Ineinander von alter und neuer Welt. Seine religiöse Prägung hat Korbinian offensichtlich weitgehend von jener neuen Leidenschaft des Glaubens empfangen, die drüben in Irland entstanden war, wo sozusagen der abrahamische Funke neu gezündet hatte: um des Glaubens willen aufzubrechen, die Heimat zu verlassen, Wanderer für Gott zu werden, um ganz für ihn da zu sein, unterwegs zu sein – mit ihm, zu ihm und für ihn. Eine Leidenschaft des Glaubens, des Hinwerfens des eigenen Lebens in den Glauben hinein hatte die Menschen erfasst, die sich über den Kontinent ausbreitete und die auch zum Lebensgeschick dieses jungen Mannes aus Gallien geworden ist.

Die eigentliche Sehnsuchtslinie seines Lebens aber wies nach Rom. Dort, zu Füßen des heiligen Petrus, wollte Korbinian eigentlich zu Hause sein. Und dazwischen – zwischen Paris und Rom – hat sich, ungewollt von ihm, in Bayern sein eigentliches Schicksal erfüllt. Damit umspannt aber die Gestalt dieses Mannes das ganze Westeuropa, das heute um seine Einigung ringt, von Irland bis Rom, von Paris bis Freising. Und obwohl es keine politisch einenden Kräfte gab, obwohl politisch alles zerrissen war, war dies doch ein einziger Raum der Seele, in dem die Grenzen nicht existierten, in dem alle Türen offen standen, in dem alles sich durchdrang und jeder überall sein konnte. Dieser Mann Korbinian hat gewiss nicht die Sprache unseres Landes gesprochen, und in seiner Art war er anders als die Menschen, die hier aufgewachsen waren. Aber es gab keinen Augenblick deswegen ein Vorurteil oder ein Gegeneinander, weil die Kraft des Glaubens, die Suche nach dem neuen Gott, viel stärker war und Vorurteile einfach verschwinden ließ. Die Größe des Glaubens hatte inmitten politischer Formlosigkeit Einheit des Herzens, der Seele und des Geistes geschaffen.

So etwas muss uns in einem Augenblick treffen, in dem wir auf dreißig Jahre Ringen um die Einheit Europas zurückschauen, auf ein Ringen, in dem große und kleine Staatsmänner ihr Bestes gegeben haben, in dem die Strategen der Wirtschaft und die Bürokraten unablässig mit allen Möglichkeiten, die heute zur Verfügung stehen, nach solchen Wegen suchten. Nach dreißig Jahren dieses Suchens genügt ein Wink einiger Ideologen im Hintergrund, um die Fackel des Deutschenhasses in ganz Europa, Ort um Ort, augenblicklich anzuzünden. Zur selben Zeit erleben wir, wie die Länder sich wieder in den Streit um ihre Eigenrechte, in den Egoismus ihres Besitzes hinein verkrallen und sich gegeneinander verqueren. Das bloße Habenwollen, wenn es von noch so viel Strategie gedeckt ist, einigt nicht, sondern weckt nur den

Hl. Korbinian, Freising, Dom

Neid, der trennt. Und die Internationale der Revolte und des Hasses, die sich als Hoffnung der Einheit anbietet, kann in Wirklichkeit nur Diktatur oder Anarchie schaffen. Es war vor etwa zehn Jahren, als Charles de Gaulle seinen erfolgreichen Landwirtschaftsminister, der im Bereich der Landwirtschaft vieles an Einigung zuwege gebracht hatte, zum Kultusminister ernannte, um die Einheit voranzutreiben. Und dieser Pragmatiker hat damals unter seinen Kollegen den Ausspruch getan: »Ich habe das Europa der Schweine geschaffen, ich werde auch das Europa des Geistes aufbauen können.« Mittlerweile hat dieses Wort eine tragische Zweideutigkeit gewonnen. Aber so viel ist eindeutig geworden, dass man nicht von den Schweinen her die Einheit des Geistes aufbauen kann, sondern dass nur der Geist den Geist zu vereinigen vermag und dass er Einheit nur findet, wenn er offen steht auf das Heilige, das ihn lehrt, sich selbst zu überschreiten. Nur die Kraft des Glaubens kann Grenzen öffnen, kann Vorurteile überwinden, kann Hass abbauen und kann Einheit geben. Und dies ist der große Auftrag, der in dieser Stunde über uns liegt. Nur wenn wir diese lebendige Kraft des Glaubens wieder zu erwecken vermögen, werden die Strategien der Wirtschaftsmänner und der Politiker den Boden haben, ohne den ihr Tun ins Leere entgleitet.

Eine zweite Beobachtung: Korbinian ist keineswegs von Geburt und von Natur her ein Heiliger gewesen. Von seinem Naturell her war er weder zahm oder gar etwa lahm, eher ein Vulkan, dessen gefährliche Kraft erst gebändigt, gereinigt und geordnet werden musste, um Kraft zum Guten zu werden. Der selige Bischof Arbeo hat zwar den Goldglanz der Heiligkeit über die Lebensbeschreibung Korbinians gebreitet, die er uns hinterließ, aber doch hinter dem Heiligenschein den Realismus dieses Lebens und seines Ringens deutlich genug durchblicken lassen. Von Natur her war dieser Mann eigentlich jemand, der dazu geneigt war, ein Feudalherr zu werden, einer, der das noble und bequeme Leben liebte und sich bedienen ließ und rücksichtslos auf die losging, die ihm dienen sollten. Und auf der anderen Seite erkennen wir in ihm durch den Goldglanz der Biographie hindurch den scheuen Intellektuellen, der die Natur liebt, sich von dem Getriebe der Menschen zurückziehen möchte. Neben diesen eher gefährlichen Zügen seiner Natur steht aber nun das Neue, das in sein Leben eingebrochen war: die leidenschaftliche Begeisterung dafür, sich selbst dem Herrn hinzuwerfen, den Krieg gegen sich selbst aufzunehmen und ein neuer Mensch zu werden – von Gott her und für Gott. Und dieses Ringen hat er mit der ganzen dramatischen Kraft seines Lebens geführt.

Und so ist aus der Zornmütigkeit, die in Korbinian stand, die Bereitschaft gewachsen, den Mächtigen dieser Welt zu widerstehen und ein Diener der Kleinen zu werden. Und aus der Menschenscheu des Intellektuellen ist die Fähigkeit der christlichen Wendung nach innen gewachsen, die dann zum großen Leuchten nach außen geworden ist. Sein Ringen mit sich selbst und das Ringen, das er mit Herzog Grimuald durchgestanden hat, hat die christliche Gestalt unseres Landes grundgelegt – und geht uns heute noch an. Immer – möchte ich sagen – muss Korbinian mit sich selbst und immer muss er mit Grimuald ringen, denn die große, noble und warme Kultur Bayerns, auf die wir mit Recht stolz sind, versteht sich nicht von selbst. Der Heilige Vater hat uns bayerischen Bischöfen bei unserem Besuch in Rom bewegten Herzens erzählt, wie er als ganz junger Priester in München in eine äußerst schwierige Situation geraten war, auf der Straße stand und nicht weiterwusste. Und wie er dann die tiefe Herzensbildung einer ganz einfachen Frau erfuhr, die ihn sah und sich seiner annahm. Und wie dieser innere Adel des einfachen Menschen, den er hier erlebt hat, sich ihm tief ins Herz schrieb. Dies ist das eine – und wir freuen uns darüber. Aber noch einmal: Das ist nicht von selbst da. Wir erleben heute einen Bayernkitsch, der uns beschämt. Oder sagen wir es von der Geschichte her! Benno Hubensteiner erzählt in seinem kurzen Aufriss der Geschichte der Universität München, wie in Ingolstadt binnen einer Generation aus einem Volk von innerer Noblesse die andere Möglichkeit des Bayerischen hervortrat: die Indolenz, die Härte, der Eigensinn und die Enge. Dies alles steckt auch in uns. Und das Noble und Große unseres Landes kann nur bleiben, wenn immerfort Korbinian mit Grimuald ringt, wenn immer neu dieser Feldzug des Glaubens geschieht, wenn wir uns von ihm verwandeln lassen und damit Zukunft eröffnen. Und dazu sollten wir uns heute wieder in aller Ehrlichkeit rufen lassen. Wir sind nicht von selbst gut, nur der Glaube schafft den Adel des Herzens, der beständig ist und der dieses Land liebenswert erhalten kann.

Noch eine dritte Beobachtung: Korbinian teilt mit vielen Großen der christlichen Geschichte – mit Augustinus, mit Gregor dem Großen, mit Gregor von Nazianz – das ständige Dilemma zwischen dem Verlangen nach Innerlichkeit und dem apostolischen Auftrag des Dienstes für die Menschen. Sein erstes und eigentliches Wollen war dies: Einsiedler zu werden, einfach im Alleinsein mit Christus die Freude des Glaubens zu leben und ganz und nur für ihn da zu sein. Aus dieser Absicht heraus war er nach Arpajon bei Paris gegangen. Aber das Licht, das er eigentlich unter den Scheffel stellen wollte, leuchtete trotzdem. Und immer mehr Menschen kamen, um bei ihm Rat und Hilfe zu suchen, so dass er Tag und Nacht von den Menschen umgeben war – deswegen die Flucht nach Rom, um am Grab des heiligen Petrus endlich unerkannt in Stille vor dem Herrn leben zu dürfen. Aber gerade dort ereilt ihn der apostolische Auftrag, der ihn hierher nach Freising bringt. Und auch hier ist dieses Dilemma nicht zu Ende, denn die Flucht nach Südtirol ist ja Flucht aus dem Getriebe, Suche nach der Stille, der Beschauung. Und hier in Freising selber hat er ja keineswegs geplant, missioniert, sondern wieder ein Kloster gegründet, um im Kreis der Mitglaubenden ein Leben des Gebetes und der Stille zu führen. Aber auch hier geschah dasselbe: dass dieses Licht ausstrahlte, dass er gerade dadurch zu einem Mittelpunkt wurde und so Verwandlung von ihm ausging. Dieser Mann, der eigentlich gar nicht für die anderen da sein wollte, sondern nur auf den Herrn hinschauen mochte, hat sich eben auf solche Weise den Herzen der Menschen eingeprägt und die Gestalt des heiligen Bonifatius überstrahlt, der das Bistum hier eingerichtet hat. Ihn sahen sie als den Ihrigen an und konnten es nicht auf Dauer geschehen lassen, dass sein Leichnam nicht in ihrer Mitte lag.

So wird an Korbinian die Kraft der christlichen Innerlichkeit sichtbar. Wir haben in den vergangenen Jahren ob der sozialen Aufgabe, die wir zu Recht entdeckten, doch Rang und Notwendigkeit dieser Wendung nach innen allzusehr vergessen. Dann kam die Welle der asiatischen Frömmigkeit über uns, und so ist es an der Zeit, dass wir wieder die große Tradition der christlichen Wendung nach innen entdecken, die Stand gibt und damit nach außen leuchtet und zur verwandelnden Kraft wird. Nur wenn wir nach innen hin stark werden, können wir stehen und bestehen. Nur wenn es in uns hell ist, kann Licht von uns ausgehen und kann die Kraft des Glaubens wieder zünden.

Großer Bischof Sankt Korbinian, bitte für uns und unser Bistum!

Predigt zum Korbiniansfest im Freisinger Dom
am 19.11.1977

Singt dem Herrn ein neues Lied! (Ps 149, 1) – dieser Anruf durchzieht das Buch der Psalmen, ja, man kann sagen, dass dieses große Liederbuch des Gottesvolkes als Antwort auf diesen Anruf entstanden ist. Zweierlei ist daran wichtig. Zunächst der Mensch soll dem Herrn *singen*. Wann singt eigentlich ein Mensch? Wie kamen Menschen dazu, nicht nur zu reden, sondern zu singen? Der Mensch singt, könnten wir da antworten, wenn ihn eine große Freude berührt. Er singt, wenn er etwas ausdrücken muss, was mit dem gewöhnlichen Gang der Worte nicht mehr ausgedrückt werden kann. Er braucht dann eine neue Dimension des Redens, der Mitteilung, die die Vernunft nicht aufgibt, aber sie überschreitet und neue Möglichkeiten des Vernehmens eröffnet. Der Mensch singt, wenn er Freude schenken will. Er singt, wenn Liebe sich aussagen, sich hörbar machen will, *Cantare amantis est* – sagt der heilige Augustinus: Die Liebe, das Geliebtsein und das Liebendürfen, ist die große Freude, die im Menschen diese neue Weise des Ausdrucks eröffnet. Der Anruf *Singt dem Herrn ein neues Lied!* sagt also: Lasst euch berühren von der Nähe Gottes, lasst in eurer Seele die Gegenwart seiner Liebe ankommen. Lasst euch erfüllen von der Freude über Gott, der sich uns zeigt, der uns geschaffen hat und uns nicht loslässt. Dann werdet ihr singen.

Dazu kommt dann das Zweite in diesem Anruf *Singt dem Herrn ein* neues *Lied!*: Das Gotteslob darf nicht aufhören. In Israel war es zunächst die Erinnerung an die Errettung vor der Bedrohung durch die Ägypter am Schilfmeer, die das Singen für Gott immer neu erweckte. Tatsächlich endet der Bericht vom Durchzug durch das Meer mit einem Lied, dem ersten Lied der Geschichte Israels überhaupt: *Damals sang Mose mit den Israeliten dem Herrn dieses Lied ... »Ich singe dem Herrn ein Lied, denn er ist hocherhaben ... Meine Stärke und mein Lied ist der Herr, er ist für mich zum Retter geworden. Er ist mein Gott, ihn will ich preisen ...«* (Ex 15, 1 ff) Nach einem solchen Vorgang, wie Israel ihn da erlebt hatte, musste ein Ausbruch der Freude kommen, dem die gewöhnliche Rede nicht genügte. Das Lied, das Singen für Gott wurde geboren ... Durch die Psalmen geht immer wieder das Thema der Rettung am Schilfmeer hindurch, sie hat immer neu die Menschen Gottes froh werden lassen und ihr Singen inspiriert. Aber im Psalter gilt dann doch David als der neue und eigentliche Gründer gottesdienstlicher Musik, in der Singstimmen und Instrumente aller Art zusammenwirken. Zugleich wird nun sichtbar: Gott ist nicht ein Gott der Vergangenheit, er wirkt immer weiter. Es gibt immer wieder neuen Anlass, ihn zu preisen. Die Lieder für ihn müssen weitergeführt werden. Nun entsteht der Brauch des Gelöbnisses: *Wenn du mich erhörst, Gott, wie du damals die Väter gerettet hast, dann werde ich davon verkünden in großer Gemeinde* (vgl. Ps 22, 4–6. 23. 26). Ein nicht geringer Teil der Psalmen ist aus solchen Gelöbnissen und den dahinterstehenden Erfahrungen entstanden. »Singt dem Herrn ein neues Lied!« – das bedeutet: Der Mensch soll wach werden für die Gegenwart Gottes, für sein Wirken jetzt und hier, und er soll mit seinem Singen den anderen Menschen den Lichtstrahl Gottes sichtbar machen, der ihn getroffen hat. Das neue Lied ist notwendig, damit die Wahrheit über Gott und den Menschen sich Stück um Stück enthüllt. Es ist notwendig, denn nur im Licht der immer neuen Erfahrungen, die sich im Lied aussingen und den anderen vernehmlich werden, können wir die Drangsale der Welt ertragen, können wir Hoffende werden und Liebende bleiben.

In dem Wort vom neuen Lied, das über Mose hinausgeht und auch über David hinausgehend immer weitergehen muss, steckt auch eine stille Erwartung: dass es einmal das ganz Neue, das ganz Andere geben werde, durch das alle bisherigen Lieder erst ihren vollen Klang erhalten. In der Nacht vor seinem Tod tat Jesus, was man sich nicht selber erdenken konnte und worauf doch im tiefsten die Menschen warteten und warten. Jesus sprach vom neuen Bund in seinem Blut, stiftete – den Kreuzestod vorausnehmend – den Neuen Bund, für den der Bund des Mose die große Vorbereitung gewesen war, die jetzt an ihr Ziel kam. Nun geschah das wirklich Neue – die Rettungstat Gottes, die allen gilt, alle Zeiten umspannt, weil sie aus dem Ewigen kommt und ins Ewige reicht. Nun brach die Liebe Gottes alle Grenzen auf und wurde zu dem großen Neuen, das nicht zu überholen ist und das gar nie zu Ende besungen werden kann. Wie das Meer nicht auszuschöpfen ist, so ruht in diesem Neuen der nicht auszuschöpfende Schatz der neuen Lieder, die doch alle das eine wahrhaft neue Lied sind.

Seitdem gehören die beiden Themen – der Neue Bund und das neue Lied – zusammen. Schon in der ersten christlichen Generation entstanden mit der inneren Notwendigkeit der großen neuen Erfahrung der Liebe, die Christus für die Menschen bedeutete, neue Lieder, die das Psalmenbuch ergänzten und fortschrieben: christliche Hymnen, von denen uns eine Anzahl in den neutestamentlichen Briefen und in der Offenbarung des heiligen Johannes erhalten geblieben ist, wenn auch leider nur die Texte – die Melodien sind verschollen. Aber es reicht ja auch nicht einfach das Verfassen von neuen Texten, von neuen musikalischen Weisen. Die Neuheit, um die es nun ging, musste tiefer reichen. Sie musste die Erneuerung eines neuen Herzens sein, wie es der Prophet Ezechiel angekündigt hatte: *Ich nehme das Herz aus Stein von euch und gebe euch ein Herz aus Fleisch* (Ez 36, 26). Damit das Lied neu sein kann, muss das Herz neu sein. Zum Neuen Bund gehört der neue Mensch, und nur vom neuen Menschen kommt das neue Lied, sagen die Väter. Ja, der neue Mensch ist in einem gewissen Sinn das neue Lied: In der Vollendung wird gleichsam das Sein selbst zum Gesang, wird der Kosmos Lobpreis. In der Musik der Kirche geht es letztlich darum, diesen Lobpreis des Kosmos vorwegzunehmen, die neue Welt vorzubereiten; aber das kann nur geschehen, wenn die Erneuerung des Herzens weitergeht, wenn der Mensch neu lebt, von Christus her immerfort neuer Mensch wird. Deswegen auch wurde das Mönchsleben, dieser Versuch eines Vorgriffs auf die endgültige Gestalt der Menschheit, zur großen Schule des neuen Liedes, in der immer mehr das Singen und Musizieren der Kirche seine besondere Gestalt gewann.

Neuer Mensch und neues Lied: Spätere Zeiten fanden diesen Zusammenhang exemplarisch ausgedrückt in einer der schönen Formulierungen der Passio der heiligen Caecilia, die ehemals die erste Antiphon der Laudes ihres Festes war: *Unter dem Tönen der Instrumente sang Caecilia dem Herrn also: Möge mein Herz unbefleckt werden, damit ich nicht zuschanden werde…Cantantibus organis Caecilia decantabat* … Äußerlich feiert Caecilia die Hochzeit mit dem ihr zugedachten Bräutigam Valerianus mit, zu der die lärmende Hochzeitsmusik der damaligen Zeit gehörte. Aber innerlich hielt sie Hochzeit mit einem anderen, mit Christus, dem ihre ganze Liebe gehörte. Zwei Hochzeiten, zweierlei Liebe und damit auch zweierlei Musik stehen sich hier gegenüber: Da ist außen das alte Lied des alten Menschen, die lärmende und sinnenbetörende heidnische Musik, die ganz nach außen gewendet ist und den Menschen nach außen und nach unten zieht, ihn betäubt, ihn wegreißt von sich selbst und so das innere Hören verstopft, das innere Singen verstummen lässt. Und da ist dann die neu erschlossene Innerlichkeit, die neue Höhe und Tiefe des Menschen, die sich in der neuen Liebe, in der Begegnung mit Christus auftut. Mit ihr aber erwacht das neue Lied, ein Singen der Seele, das vorerst – wie Paulus es verlangt – vor allem ein Singen im Herzen ist (Kol 3, 16, vgl. Eph 51, 19), aber ganz von selbst auch ein neues Singen nach außen wird, wie die christlichen Hymnen zeigen – ein Singen, das freilich eine nicht auszuschöpfende Zukunft vor sich hat, solange es Menschen gibt, die sich vom Glauben an Christus und seiner Liebe berühren lassen.

Zunächst ist dieses Singen gleichsam noch schüchtern, noch ganz leise: In der Caecilienlegende muss es sich noch im Inneren verbergen, ankämpfen gegen das schrill ertönende alte Lied der alten Welt. Aber dann wird dieses Singen immer freier und stärker, und es kann nun nach und nach die Instrumente, die es zunächst beiseite geschafft hatte, um sich selbst finden zu können, erneuert wieder hervorholen und immer mehr den Kosmos zum Singen bringen, der geheimnisvollen Musik des Kosmos, von der der Psalm 19 spricht, den Text unterlegen, der dazu gehört, so dass nun nicht mehr gilt: *Ein Tag sagt es dem andern ... ohne Worte und ohne Reden, unhörbar bleibt ihre Stimme* (Ps 199 3 f). Nein, sie ist nun nicht mehr unhörbar, die Stimme des Kosmos – sie hat ihr Wort gefunden. So wurden in der Geschichte der Kirchenmusik die beiden wesentlich zueinander gehörenden Ebenen sichtbar, die in dem Anruf stecken: »Singt dem Herrn ein neues Lied!« Diese Musik setzt das große Neue voraus, das durch Christus geschehen ist, und empfängt von daher ihre Inspiration, ihr eigenes, neues Wesen. Aber sie entspricht diesem wesentlich Neuen eben dadurch, dass sie sich in seine Unerschöpflichkeit hineinsingt und daher in ihm immer Neues entdeckt und es auf immer neue Weise auszudrücken vermag, ohne dass dabei die innere Einheit der ganzen Geschichte christlichen Singens verloren gehen dürfte. Wer das Vergangene abstößt, nimmt diesem Neuen Wesentliches weg. Aber wer nur im Vergangenen bleiben würde, verfehlt seine Unerschöpflichkeit, die bis ans Ende der Zeiten und über sie hinausreicht in den Hymnus der Ewigkeit hinein.

Von den Anfängen des Christentums bis in unsere Zeit hinein stehen wir vor diesem wundervollen Prozess, in dem das anfangs so demütige, ja verborgene neue Lied sich immer weiter entfaltet, immer mehr den Reichtum aller menschlichen Möglichkeiten, den Reichtum des Kosmos an sich zieht und ihn zu Gesang, zum Lied für Gott werden lässt. Aber seit dem vorigen Jahrhundert wenigstens beobachten wir immer mehr auch den umgekehrten Prozess, dass die Teile wieder auseinanderfallen, sich verselbständigen und das neue Lied gleichsam wieder entblößen, wieder in die Armut des Anfangs zurückdrängen wollen. Wenn es so ist, kann das nur an einer Schwäche unseres Glaubens und daher an einem Versagen und Kleinerwerden unserer Liebe liegen. Wenn der neue Mensch fehlt, verliert auch das neue Lied seine Kraft.

An diesem Zeichen der Zeit können wir nicht vorübergehen, ohne ernstlich unser Gewissen zu erforschen. Heute aber, am Fest der heiligen Caecilia, hören wir den ganzen Glanz des neuen Liedes und sind dankbar dafür, dass es mit solcher Schönheit unter uns ertönt. Cari musici, wir danken Ihnen, dass Sie uns helfen, Gott zu lobpreisen. Wir alle wollen darum bitten, dass auch heute und morgen das neue Lied des Neuen Bundes nicht verstummt, sondern mit neuer Freude zur Herrlichkeit Gottes ertönen möge.

Predigt am Fest der hl. Caecilia in der Kirche
Santi Biagio e Carlo ai Catinari in Rom am 22. 11. 1996

Ein Kirchbau, der nicht von den lebendigen Steinen einer gläubigen Gemeinde gelegt wurde und getragen wäre, würde auf Dauer nicht bestehen können. Er verfällt entweder, er wird zum Museum, oder er muss anderen Zwecken Platz machen. Nur die lebendige Kirche der Glaubenden kann den Bau als Kirche erhalten, zur Kirche machen. Aber auch umgekehrt: Die bloße Gemeinschaft der Menschen von sich aus kann noch nicht die Kirche hervorbringen. Man kann nicht einfach beschließen, Kirche zu sein, so wie man irgendeinen Verein gründen kann. Damit Kirche sei, muss der Andere, der Herr selbst, an uns handeln, muss Er ja sagen, in unsere Mitte treten und uns zueinander führen: Es muss das geschehen, was Sinn und Bedeutung des Altars ist. Er ist die Stätte, an der der Herr sich gibt, in unsere Mitte tritt und uns vereint. Insofern ist der Altar als Ort der Begegnung zwischen Gott und Mensch gleichsam der Schnittpunkt zwischen Kirche als Bau und Kirche als Gemeinde, die Achse der lebendigen Kirche überhaupt. Und wir können am Altar und indem wir uns darauf besinnen, was Altar ist, zugleich unseren eigenen Auftrag erkennen und wieder tiefer begreifen, was es heißt, Kirche zu sein.

Nun trifft es sich, dass wir heute, an diesem Tag der Altarweihe, das Fest des heiligen Apostels Andreas begehen. Von den Aposteln sagt der Epheserbrief, *auf sie und auf die Propheten sei die Kirche gegründet* (vgl. Eph 2, 20) Und Johannes hat dies in der geheimen Offenbarung auf ein wunderbares Bild gebracht: Vom hohen Berg aus sieht der Seher die neue Stadt, das künftige Jerusalem. Es hat zwölf Türme, zwölf Tore und zwölf Grundsteine. *Und die zwölf*

Grundsteine, so sagt er, *sind die zwölf Apostel* (vgl. Offb 21, 12–14). Nur dadurch, dass sie den Herrn hörten, ihm zustimmten und ihm nachfolgten, ist sein Wort fruchtbar geworden, ist Kirche gewachsen. Und immerfort sind sie die Fundamentsteine, die die Kirche tragen, auf deren Glauben wir stehen müssen, auf dass wir wahrhaft Kirche seien. So können wir also, wenn wir jetzt auf einen dieser Apostel, auf Andreas, hinschauen, an ihm gleichsam das innere Baumaß der Kirche ablesen, von ihm her sehen, was Kirche heißt, und von daher zugleich tiefer den Sinn dieser Stunde und dieses Tages, das Geschehen der Altarweihe, begreifen.

In der Geschichte Jesu, wie sie uns die Evangelien aufgezeichnet haben, begegnet uns Andreas dreimal – an drei wichtigen Markierungspunkten dieser Geschichte, an denen Jesus zugleich sozusagen den Angelpunkt, die eigentliche Achse des Christlichen selbsthin bedeutet.

Eine erste Begebenheit: Andreas gehört zu den zwei erstberufenen Aposteln Jesu überhaupt. Er war zuerst ein Jünger des Täufers gewesen; er stand beim Täufer, als Jesus vorbeiging und Johannes, auf ihn hindeutend, sagte: *Seht, das Lamm Gottes!* (Joh 1, 36). Sicher hat Andreas in diesem Augenblick noch nicht dieses Rätselwort begriffen, noch nicht verstehen können, was das heißen solle, dass hier ein Mensch »Lamm Gottes« genannt wird. Aber er fühlt sich betroffen durch dieses geheimnisvolle Wort. Er will diesen Menschen näher kennen lernen, und er tritt auf ihn zu und sagt schüchtern – ein wenig unsicher, wie er anknüpfen solle –, was ihm nun so eben einfällt: *Rabbi, wo wohnst du?* Der Rabbi sagt es ihm, und Andreas folgt ihm in seine Bleibe. Johannes, der dies aus eigenem Erinnern aufgeschrieben hat, sagt – und man spürt noch die innere Erregung dieser ersten Begegnung jener zehnten Stunde: *Und sie blieben den ganzen Tag bei ihm* (Joh 1, 38 f). Als sie wieder nach Hause gehen, begegnet Andreas seinem Bruder Simon und

sagt zu ihm: *Wir haben den Messias gefunden* (Joh 1, 41).
Am Morgen, als er Jesus begegnete, redete er ihn mit »Rabbi«
an – was heißt so viel wie: Lehrer, Professor, Doktor. Als er
einen Tag bei ihm gewesen war, sagt er zu Petrus nicht mehr:
»Wir haben einen Rabbi gefunden«, sondern: »den Messias,
den König, den Gesalbten Gottes, den, auf den wir warten«.
Zwischen diesen beiden Anreden »Rabbi« und »Messias«
steht der Tag des Bleibens bei Jesus. Zwischen diesen beiden
Anreden »Rabbi« und »Messias« liegt der ganze Weg vom
fragenden Suchen zum Christsein. Die Brücke zwischen
beidem ist die Bekehrung, die Verwandlung des Lebens, in
der die Kirche ihren Anfang genommen hat. Und es ist geschehen auf diesem inneren Weg, auf der Wanderschaft des
Herzens, und in der Weile des Bleibens und Wohnens mit
Jesus. Und so redet durch dieses Begebnis Andreas uns in
vielfältiger Hinsicht an. Zunächst und zuerst einmal war er
ein suchender, ein fragender Mensch, der noch nicht recht
wusste, wohin es mit seinem Leben gehen sollte, aber der
eben, weil er es nicht wusste, Ausschau hielt, fragte, suchte
und deswegen zu diesem Johannes stieß, um von ihm vielleicht Antwort zu finden, und deswegen auch diesem merk-
würdigen Mann nachging, der »Lamm Gottes« genannt
worden war. Ich meine, dies ist etwas sehr Grundlegendes.
In einer Zeit wie der unsrigen wird es wenigen Menschen
geschenkt, einfach rundum gläubig sein zu können. Die al-
lermeisten sind in einen Wirbel von Fragen hineingeworfen,
und dies ist normal. Es ist dem Menschen nicht zugedacht,
diese Fragen abzutöten, sich abzukapseln in irgendein Be-
treiben, sondern fragend zu bleiben und es immer mehr zu
werden, die Mühe des Suchens nicht zu scheuen, Ausschau
zu halten nach dem, der Antwort ist.

Das Nächste. Er nimmt sich Zeit, Jesus zu suchen, bei ihm
zu sein. Und in dieser Zeit geht ihm das Licht auf: Jesus
wird für ihn vom »Rabbi« zum »Messias«, von »Jesus« zu

»Christus«, von einer Idee, von einem Programm zu dem, der mehr ist, der Antwort und das Leben selbst ist. Und so wird diese Geschichte durchsichtig auf das hin, was der Altar im Kirchenraum bedeutet. Er ist Stätte, da Jesus wohnt. »Komm und sieh!«, sagt er auch zu uns. »Komm und sieh!«, das gilt nicht nur denen, die schon Glaubende sind, es gilt gerade denen, die wie Andreas Fragende, Suchende und Bleibende sind, die die Freude des Bleibens in der Wohnung Jesu wagen und dort Antwort suchen. Und das ist die erste Anrede des Altars: Er ist Stätte, wo Er wohnt. »Komm und sieh!«: Lass Dich auf ihn ein, setze Dich dieser stillen Gegenwart aus – und die Wanderschaft des Herzens vom »Rabbi« zum »Messias« wird Dir möglich.

Die zweite Begebenheit trägt sich bei der Brotvermehrung zu: Die Menschen hatten lange bei Jesus in der Wüste ausgeharrt und ihm zugehört. Und es entsteht Unruhe. Sie sind müde und hungrig und keiner weiß, was nun geschehen soll. Petrus äußert seine Zweifel. Aber Andreas, dieser hellsichtige und beobachtende Mann, hat da einen Knaben entdeckt, dem wahrscheinlich seine fürsorgliche Mutter, die schon ahnte, dass diese Sache länger dauern wird, eine »kräftige Brotzeit« mitgegeben hat. Und natürlich kann sich Andreas auch nicht vorstellen, was das schlussendlich für Tausende beitragen soll. Aber er tut, was er damals, bei seiner ersten Begegnung mit Jesus, getan hat: Er geht wieder zu Jesus hin. Und er führt den Knaben zu ihm, dem Herrn überlassend, was geschehen mag. Und wir wissen: Durch die Berührung mit der Liebe des Herrn geschieht es, dass die Brote ausreichen für die Menschen, für all die Tausende, die ihm zugehört haben.

Und so wendet sich diese Geschichte wieder uns zu. Wir Christen sollen Menschen mit offenen Augen und Herzen sein, Menschen, die nicht nur sich, sondern auch die anderen sehen, die ihre stille unausgesprochene Not und die Möglichkeiten des Helfens sehen und sich betroffen wissen. Aber das allein ist es noch nicht – so wichtig es auch ist. Mögen vielleicht andere christliche Generationen dadurch gefehlt haben, dass sie zu wenig an die irdische soziale Not dachten; wir sind doch heute eher in der umgekehrten Gefahr, dass wir nur noch meinen, Sozialfürsorge treiben zu müssen, und daher vergessen, dass die Menschen – übrigens auch die Hungernden in Afrika, Asien und Lateinamerika – nicht nur Brot wollen, sondern Zuwendung, Liebe, Sinn, dass sie immer des Größeren bedürfen. Letzten Endes steht all das, was wir geben können – und wir merken es ja bei unseren Unternehmungen in der Entwicklungshilfe und im eigenen Land –, in gar keinem Verhältnis zu dem, wonach die Menschen eigentlich verlangen. Mit dem, was wir geben können, stehen wir eigentlich so hilflos vor ihnen wie Andreas mit den fünf Broten, die ihm über den Buben in die Hände gekommen sind. Und dennoch muss es gegeben werden, muss es vor allem dem Herrn in die Hände gegeben werden. Wir müssen tun, was Andreas tat. In der Eucharistie geben wir dem Herrn, wie die erneuerte Liturgie sagt, *das Brot, Frucht der Erde und der menschlichen Arbeit* in die Hände. Und in seinen Händen wird daraus Brot des ewigen Lebens. Darin geschieht wieder diese unerhörte Verwandlung, dass aus dem, was in keinem Verhältnis zum Fragen des Menschen steht, das Große, das Neue, die Antwort der Liebe Jesu Christi wird. Dies ist die große Brotvermehrung der Eucharistie, die Verwandlung, die er mit der Frucht unserer Arbeit vollzieht. Und so wird ein Zweites sichtbar. Der Altar ist Stätte der Wohnung und Stätte der Verwandlung. Die Verwandlung unserer Gaben soll uns selbst verwandeln, damit wir als von seiner Liebe Angerührte neue Menschen seien.

Die dritte Begebenheit spielt sich vor dem Leiden Jesu ab. Am Palmsonntag, nach dem festlichen Einzug in die Stadt, steht Jesus vor dem Tempel, und der Widerstreit gegen ihn beginnt. Da sind nun die Griechen, die von ihm gehört haben; aber sie können nicht aramäisch und wissen nicht, wie sie an ihn herankommen und sich mit ihm verständigen sollen. Da finden sie – wie Johannes berichtet – den Philippus (ein griechischer Name). Er stammt aus Betsaida, einem sprachlich gemischten Küstenort, und ihn suchen sie als Dolmetscher. Philippus aber wagt es nicht allein, mit Jesus zu sprechen. Er sagt es dem Andreas, und der bringt ihn zu Jesus. Andreas wird zum Dolmetscher für die Griechen. In dieser Stunde beginnt die Kirche der Heiden – beginnt dies, dass der Herr seine Arme ausstreckt über die ganze Welt hin (vgl. Joh 12, 32), dass er die Schafe auch von dem anderen Schafstall hereinführt, damit ein Hirt und eine Herde sei (vgl. Joh 10, 6). Aber so wie Eucharistie nicht geschehen kann, ohne dass wir Menschen das Brot herbeiholen, so kann auch die Kirche der Völker nicht werden, ohne dass es den menschlichen Dolmetscher gibt – ohne dass ein Andreas dazwischen steht, der Griechisch kann und der die Botschaft zu übermitteln weiß, der in zwei Sprachen spricht und so die Brücke baut, über die das Wort Jesu hinausdringen kann. Und damit wird das Dritte sichtbar: Altar besagt Stätte der Sendung. Die Mission hat sich nie so abspielen können, wie wir uns das vielleicht romantisch ausdenken: dass die Apostel direkt zu den Ungläubigen gegangen und sie machtvoll überzeugt hätten. Sie haben in den Synagogen zu denen gesprochen, die schon Suchende waren – »Gottesfürchtige« heißt es in der Bibel. Und diese mussten die Dolmetscher werden, die dann die Sprache durch ihr Leben und ihr Miteinandersein in das Leben ihrer Freunde zu übersetzen vermochten und damit den Samen des Wortes fruchtbar werden ließen. Und so ist es immerfort: Die Botschaft des Priesters kann nur einen bestimmten Kreis erreichen. Damit das Wort hinausdringe, die Botschaft des Lebens fruchtbar werde, braucht es das Dolmetschen derer, die mit den anderen zusammenleben, ihre Sprache sprechen, gleichsam in beiden Sprachen, in der des Glaubens und der des Unglaubens, des Fragens und Zweifelns zu Hause sind und so wieder vollziehen, was an jenem Tag geschah: die Tür aufstoßen für die Griechen, die die Botschaft der Bibel in der Sprache Jesu Christi selbst nicht verstehen konnten.

Altar als Ort der Wohnung, der Verwandlung und der Sendung. Das ist es, was uns der heilige Andreas deutlich macht. Das ist der Sinn dieses Tages, an dem er uns selbst wieder neu ins Bewusstsein dringen lässt, was Kirche heißt, was ihre Gabe und was unsere Aufgabe ist. So wollen wir in dieser Stunde dem Herrn dafür danken, dass es sein Bleiben bei uns gibt. Dass man nach ihm fragen kann: *Wo ist er?*, und die Antwort ist: *Komm und sieh!* Dass es auch jetzt die Kraft der Verwandlung und die Möglichkeit der Berufung, der Führung und der Sendung gibt. Wir wollen danken für diese Stunde. Wir wollen den Herrn bitten, dass er diese Kirche immerfort eine Stätte der Begegnung mit dem lebendigen Gott, eine Stätte der Verwandlung, der Erneuerung, eine Stätte der Sendung bleiben lassen möge, in der uns Kraft zuteil wird, das Leben in dieser Welt zu bestehen und den Weg zu finden, der uns erfüllt und der uns die Tür auftut in das Glück, in die ewige Freude.

Predigt anlässlich der Altarweihe in St. Peter und Paul in München Trudering am 30. 11. 1978

Maria Ward

Schrifttexte: Mt 28, 16–20
Ex 34, 4b. 5–6. 8–9

Auf der ersten Seite des Textbüchleins für diese Messe sehen wir in einem wunderbaren Gemälde Maria Wards ersten Lebensabschnitt. Das Mädchen hat sein Bett verlassen und macht die ersten Schritte auf den offenen Raum seines Lebens hin. Seine Lippen haben sein erstes Wort ausgesprochen, den Namen Jesu. Man hat den Eindruck, dass die kleine Maria dem Klang dieses Wortes folgt, dass sie auf der Spur dieses Namens geht. Ihre ersten Schritte fallen zusammen mit dem ersten Wort: Das Wort *Jesus* wird der Weg ihres Lebens. Tatsächlich bewegen sich die vielen Reisen im Leben Maria Wards immer im Raum dieses Namens. Ihr ganzes Leben ist eine Antwort auf den Ruf, der sich im Namen Jesu ausdrückt. In Übereinstimmung mit diesem inneren Lebensbild Maria Wards haben wir für die 400-Jahr-Feier ihrer Geburt die Messtexe zu Ehren der Heiligsten Dreifaltigkeit gewählt. Dieses Leben vollzog sich in ständiger Beziehung zum lebendigen Gott, in einer beständigen und leidenschaftlichen Suche nach dem Willen Gottes. Ich glaube, dass die Entscheidung für die Regel der Jesuiten die letzte Erklärung nicht in den verschiedenen Gründen der praktischen Dinge findet, wenngleich diese ihre Bedeutung behalten, sondern in der gemeinsamen Suche der »größeren Ehre Gottes«, in der Antwort auf den Ruf des Namens Jesu. Die Worte des auferstandenen Herrn am Ende des Matthäus-Evangeliums, die wir in dieser Messe hörten, geben uns so den Schlüssel, der uns den Zugang zu den wesentlichen Beweggründen in Maria Wards Leben öffnet, ein

Leben, das sich in der Nachfolge dieses Auftrags erfüllte. Betrachten wir ein wenig die Worte dieses Evangeliums.

Die elf Jünger gingen nach Galiläa auf den Berg, den Jesus ihnen genannt hatte (Mt 28, 16). Um Jesus zu sehen, mussten die Jünger *gehen. Schnell, geht und sagt* waren die ersten Worte des Engels an die Frauen nach der Auferstehung Jesu. Diesem Gehen wird sofort eine neue Botschaft gleichen Sinnes hinzugefügt: *Seht, er geht euch voraus* (Mt 28, 7). Der Herr geht uns immer voraus. Glauben beinhaltet den Auftrag zu folgen, dorthin zu gehen, wohin Er uns vorausgeht. Wir dürfen nie mit uns selber zufrieden sein, mit unserem Leben, mit unseren Tugenden. Der Herr geht uns voraus. Nur im Gehen sehen wir ihn. Der heilige Augustinus sagt: *Wenn du sagst, basta, es ist mir genug, bist du schon verloren.* Und es gilt auch immer der weitere Auftrag: *Geht und sagt* den anderen. Der Glaube erfordert diese zweifache Bewegung: Jesus nachfolgen – gehen, um den anderen zu verkündigen. Wir glauben nicht nur für uns, wir glauben auch für die anderen. Der Glaube will mitgeteilt werden. Konsequenterweise bedeutet glauben immer, auf die anderen zuzugehen, mit den Schritten unseres Herzens zu gehen, das vom Namen Jesu erleuchtet ist. Das große, gefüllte Leben Maria Wards, ihre fortwährenden Reisen, auf denen sie in einem Jahrhundert der Kriege und tiefer Leiden den Kontinent durchquerte – all das ist eine Antwort auf den Auftrag der Auferstehung: *Geht – er geht voraus.* Ihr ganzes Leben lang, mit ihrem ganzen Leben, ging Maria Ward auf den Berg, den Jesus bestimmt hatte.

Der Berg. Was bedeutet dieser Berg? Wenn wir das Evangelium lesen, finden wir verschiedene Bedeutungen. Der Berg ist vor allem der Ort des Gebetes Jesu, der Ort seiner Einsamkeit mit dem Vater. Wenn wir nicht auf den Berg des Gebetes steigen, wenn wir nicht in den Dialog Jesu mit dem

Vater eintreten, finden wir ihn nicht. Der Berg ist auch der Ort der Seligpreisungen, der neue Sinai des neuen Gesetzes. Der Berg ist sein Wort. Auf den Berg Jesu zu gehen, bedeutet also, im majestätischen Gebirge seiner Worte zu wandern. Der Berg der Verklärung verbindet diese beiden Aspekte: Die Verklärung geschieht, während Jesus betet; die Verklärung ist aber auch die Offenbarung des wahren Inhalts der Bücher Moses und der Propheten. *Das ist mein geliebter Sohn. Auf ihn sollt ihr hören*, spricht die Stimme des Vaters in diesem Augenblick (Mt 17, 5).

Der Berg wird noch in zwei weiteren entscheidenden Augenblicken im Leben Jesu wichtig. Am Anfang seines öffentlichen Lebens führt ihn der Satan *auf einen hohen Berg* (Mt 4, 8) und bietet ihm alle Macht auf Erden an, wenn er in die Knie fällt und Satan und seine Macht anbetet. Am Ende seines Lebens finden wir Jesus erhöht am Berg Kalvaria: Der Gekreuzigte ist die Antwort auf das Angebot des Satans: *Den Herrn, deinen Gott, sollst du anbeten und ihm allein dienen* (Mt 4, 10). Am Kreuz bezeugt Jesus diese Worte mit seinem Leben. Das Kreuz ist die radikale Erfüllung des ersten Gebotes. Im Kreuz geschieht die Anbetung Gottes allein. Vom Kreuz kommt die vollkommene Verherrlichung Gottes in der Welt. Die Erscheinung des Auferstandenen auf dem Berg zeigt uns den tiefen Zusammenhang zwischen dem ersten und letzten Berg im Leben Jesu. Auf dem ersten Berg wies Jesus die Macht zurück, die ihm Satan angeboten hatte. Jetzt sagt der Auferstandene: *Mir ist alle Gewalt gegeben im Himmel und auf Erden* (Mt 28, 18). Jetzt hat er die Macht nicht nur auf Erden, sondern auch im Himmel. Und nur wer die Macht im Himmel hat, kann auch die ganze Macht auf Erden haben. Derjenige, der diese Macht überträgt, ist der Auferstandene, also derjenige, der zuerst das Kreuz auf sich nahm, den Tod. Der Gekreuzigte hat die wahre Macht auf Erden, die Macht der Liebe. Sie *gingen auf den Berg, den Jesus bestimmt hatte* (Mt 28, 16). Dieses Wort aus dem Evangelium drückt die innere Lebensgeschichte Maria Wards aus. Ihr ganzes Leben war ein Gehen auf den Berg, den Jesus bestimmt hatte. So war dieses Leben im doppelten Gehorsam gegenüber der von Gott erhaltenen persönlichen Berufung und gegenüber ihrer Kirche, dem von ihm in dieser Welt bestimmten Ort, konsequenterweise immer mehr ein Weg auf den Berg des Kreuzes. So ertrug sie ein Leben, das keinen sichtbaren Erfolg auswies, einen Tod im Dunkel des Kreuzes, und so wurde sie der Macht des Herrn teilhaft, der Macht der Liebe, die die Welt erleuchtet.

Ich will kurz auf zwei weitere Schlüsselwörter in unserem Evangelium hinweisen: *Geht also und lehrt alle Völker ... und lehrt sie alles befolgen, was ich euch geboten habe* (Mt 28, 19). Geht und lehrt. Von neuem begegnen wir diesem »Gehen«, jetzt aus dem Mund des Auferstandenen selbst. Und wenn der Engel nur einfach gesagt hatte, *Schnell, geht und sagt ...: Er ist auferstanden* (Mt 28, 7), so weitet der Auferstandene selbst diesen Auftrag, seiner universalen Macht gemäß, auf alle Nationen aus: *Alle* müssen ihren Herrn kennen, den Herrn des Himmels und der Erde; *alle* müssen die Wahrheit erfahren. Die Wahrheit ist das einzige Heil für den Menschen, der geschaffen ist nicht für dieses oder jenes Interesse, sondern geschaffen für die Wahrheit selbst. Mit der Ausweitung des Kreises derer, an die die Botschaft gerichtet ist, erfolgt notwendig auch eine genauere Bestimmung des Inhalts. Statt *geht, um zu sagen*, spricht der Herr: *Geht und lehrt.* Das Wort des Engels bezieht sich auf die Jünger und setzt die Entscheidung zur Nachfolge schon voraus. »Lehrt«, das bedeutet: macht die Menschen zu Jüngern. Es genügt nicht ein einfacher Bericht, eine intellektuelle Mitteilung. Um diese Botschaft zu verstehen, muss man sie in das Leben aufnehmen, weil die Botschaft die Wurzel des Lebens selbst in sich trägt. Dieses Wort verlangt die Nachfolge, das Jünger-Sein. Nur der kann dieses Wort vermitteln, der selbst mit seinem ganzen Leben Jünger geworden ist. Die Verkündigung des Wortes bedeutet Einführung in die Jüngergemeinschaft.

Das Wort das Evangeliums setzt ein »Wir« voraus: das Wir der Jünger. Mit diesem Auftrag gründet Jesus seine Kirche, bestimmt er den Berg. Man kann nicht allein gehen und nicht einzelnen Personen diese Botschaft verkünden. »Lehren« bedeutet gehen in Gemeinschaft und einführen in die Jüngergemeinschaft des Auferstandenen. Jünger Jesu wird man nur, wenn man das Geheimnis seiner Kirche annimmt, das Geheimnis des von ihm bezeichneten Berges.

Maria Ward hatte die Kirchlichkeit der Botschaft Jesu in ihrer Tiefe verstanden. Auch als sie ihre Gründung von der Autorität der Kirche zerstört sah, blieb sie gehorsam, blieb sie in einem Jahrhundert der Rebellion im Wir der katholischen Kirche verankert. Sie hatte nicht nur intellektuell, sondern mit ihrem Herzen Jesu Wort verstanden: *Einer sät, und ein anderer wird ernten* (Joh 4, 37). Das ist die Hoffnung und die Geduld der Heiligen: Sie säen nicht für einen kurzen persönlichen Erfolg, sondern sie säen für die Ewigkeit auf dem Acker der Kirche. Sie wissen, dass sie selbst aus der Saat eines anderen leben: vom Weizenkorn, das für uns starb und Frucht bringt für alle Zeiten. So überlassen sie mit der Ruhe und dem Vertrauen des Glaubens ihren Samen der heiligen Erde der Kirche Gottes. Ja, Maria Ward hat viel gelitten durch die kirchliche Autorität, die ihr Charisma nicht verstehen konnte. Aber sie wusste trotz allem, dass der ihr von Gott anvertraute Same nur im Schoß der Kirche seinen sicheren und fruchtbaren Boden fand, denn nur in der beständigen Jüngergemeinschaft findet sich der Acker, der die Zeiten überdauert, auf dem einer sät und ein anderer erntet, wo aber nichts unfruchtbar bleibt. Außerhalb dieses Raumes

Maria Ward,
Gemälde im Institutshaus B. M. V., Augsburg

mag man einen größeren persönlichen Erfolg haben. Aber alle diese schnellen Erfolge werden am Ende Denkmäler der Vergangenheit und des Todes. Die Frucht des Lebens kann sich nur in der Geduld des Reifens auf dem zugewiesenen Land entwickeln und mehren. Die Kirche hat Maria Ward tiefes Leid zugefügt, aber gleichzeitig war und blieb die Kirche ihr sicherster Trost und ihre sicherste Ruhe, das Land aller Zeiten, das die Wahrheit der Verheißung garantiert: *Einer sät, und einer erntet.*

Schließlich finden wir im Auftrag des auferstandenen Herrn das Wort: *Lehret sie alles halten, was ich euch geboten habe* (Mt 28, 20). Der Glaube verlangt eine Lehre und ein ethisches Verhalten, das aus den Geboten Gottes erwächst. Der Glaube ist nicht ein vages Gefühl von der transzendenten und unaussprechlichen Wirklichkeit. Er prägt gewiss zuerst das Herz des Menschen, aber aus der Tiefe des Herzens prägt er auch Verstand und Willen. Der Glaube verlangt eine beständige Erziehung der ganzen Persönlichkeit und die Bereitschaft, das ganze Leben lang zu lernen und Schüler in der Schule Christi zu bleiben. Unterrichten ist eine christliche Berufung, ein Werk der Barmherzigkeit, denn der Mangel an Wahrheit, der Mangel an Erkenntnis ist eine schlimmere Form der Armut als die rein materielle.

In unserer Zeit hat sich vielfach ein rein intellektuelles Verständnis von Unterricht herausgebildet. Jeder Versuch einer Erziehung, die von der Wahrheit unseres Seins ausgeht, wird dann schon als Angriff gegen die Freiheit und die Selbstbestimmung des Einzelnen ausgelegt. Diese Einstellung wäre angemessen, wenn keine Wahrheit existierte, die unserem Leben vorgegeben ist. Aber in diesem Fall bleibt auch die autonome Selbstbestimmung des einzelnen absurd und endet im Nichts. Wenn es aber eine Wahrheit des Menschen gibt, wenn unsere Existenz die Verwirklichung eines Gedankens der ewigen Wahrheit ist, dann sind die Verkündigung dieser Wahrheit und die Hilfe, das Leben auf dem Weg dieser Wahrheit zu gehen, *der* entscheidende Schritt der Befreiung des Menschen – der Befreiung aus dem Absurden und dem Nichts hinein in die Fülle seiner Bestimmung.

Maria Ward fand die ihr eigene Berufung im Wort des Herrn: *Lehrt und haltet.* Und mit ihrem Charisma hat sie verstanden, dass man den Glauben nicht lehren kann, wenn man nicht über das Wesen des Menschen unterrichtet, eine umfassende Kultur des Humanen weitergibt. Andererseits hat sie verstanden, dass sich jede Erziehung zum Gut-Sein ausrichten muss an der Kunst, Mensch zu sein, und dass das Herz dieser Kunst der Glaube ist. Ich denke, dass jetzt der Augenblick ist, der Gründerin Maria Ward und ihren Töchtern dieser vergangenen vier Jahrhunderte zu danken für ihre unermüdliche Erziehungsarbeit und ihren auf dem Felsen des Glaubens verankerten Unterricht. Nur Gott allein kennt den reichen Segen, der aus dieser Arbeit erwuchs, und er wird auch alle Mühe vergelten, das geduldige Säen so vieler Generationen. Wir bitten, dass der Herr neue Berufe erwecke, damit sie Saat und Ernte fortsetzen können.

In der ersten Lesung der heutigen Messe sehen wir, wie Mose Gott begegnet: *Sofort verneigte sich Mose bis zur Erde und warf sich zu Boden* (Ex 34, 8). Dieses Sich-Niederwerfen ist Zeichen der Anbetung, Zeichen der vollen Verfügbarkeit für den Willen Gottes, die Vorwegnahme von Jesu letztem Zeichen. In seiner Passion ist Jesus bis zur Erde gebeugt, in seinem Kreuz ist er hingeworfen – in den Tod hinein. In seiner Verfügbarkeit für den Willen Gottes wird Mose der Vorläufer Christi. In dieser Haltung wird er fähig, das Wort Gottes zu hören und zu verstehen, wird er der Vermittler Gottes bei den Menschen. Um besser zu begreifen, um ein sicherer Führer auf dem Weg der Geschichte zu

Gott zu sein, bittet Mose, Gott von Angesicht zu Angesicht zu sehen (Ex 33, 18). Die Antwort ist: *Du kannst mein Angesicht nicht sehen, du kannst nur meinen Rücken sehen* (vgl. Ex 33, 28). Der Mensch kann das Angesicht Gottes nicht sehen, er kann nur seinen Rücken sehen. Ein großes, geheimnisvolles Wort. Was sagt es uns? Der hl. Gregor von Nyssa hat diese göttliche Antwort wunderbar interpretiert. Er sagt: *Wir sehen nur den Rücken einer Person, die uns vorausgeht. Ihr könnt nicht das Angesicht, sondern nur den Rücken Gottes sehen, bedeutet also: Ihr könnt Gott nur sehen, wenn ihr ihm folgt.* Gott geht uns immer voraus. Er geht uns im gekreuzigten und auferstandenen Herrn voraus. In diesem Leben sehen wir nur den Gekreuzigten – den Rücken Gottes. Wenn wir seiner Spur folgen, sehen wir Gott, bleiben wir auf der Spur der Wahrheit. Mit diesen Überlegungen sind wir zum Bild vom Kind Maria Ward zurückgekehrt. Die ersten Schritte des Mädchens folgen dem Klang des Namens Jesu, und Maria Ward blieb ihr ganzes Leben auf dieser Spur. In ihrem irdischen Leben sah sie nur den Rücken Gottes, nahm sie in ihrem Leiden mit und durch die Kirche an der Passion des Herrn teil. Aber so wusste sie sich sicher auf dem Weg des Heils, auf dem Weg der Auferstehung. Bitten wir Gott, dass er den Töchtern Maria Wards, dass er uns allen helfe, Christus nachzufolgen, auf den Berg zu gehen und gerade dadurch die Wahrheit seiner Verheißung zu erfahren: *Seid gewiss: Ich bin bei euch alle Tage bis zum Ende der Welt* (Mt 28,20).

Predigt anlässlich der 400-Jahr-Feier der Geburt von Maria Ward in Santa Maria Maggiore in Rom am 23.1.1985